VERKEERDE TIJD, VERKEERDE PLAATS

Bedankt voor jou sympathie
voor het ontbreel huis

VERKEERDE TIJD, VERKEERDE PLAATS

Ontmoetingen met vluchtelingen

Bart Demyttenaere
met foto's van Nick Hannes en Dieter Telemans

Roularta Books

Dit boek kwam tot stand dankzij de steun van:

Verkeerde tijd, verkeerde plaats
Ontmoetingen met vluchtelingen

ISBN 90-5466-858-X
NUR 689, 740

www.roulartabooks.be

Teksten: Bart Demyttenaere
Fotografie: Nick Hannes en Dieter Telemans
Stuurgroep: Mieke Candaele, Piet Chielens, Inge Henneman, Patricia Peeters, Bart Vangrysperre
Projectcoördinator: Inge Henneman
Redactie: Inge Henneman, FotoMuseum Provincie Antwerpen
Eindredactie: Piet de Moor
Coördinatie: Cummedia, Roeselare
Cover en lay-out: Link, Waregem
Coverfoto's: Nick Hannes en Dieter Telemans
Druk: Concordia, Roeselare

Wettelijk depot: D 2005/5166/46

INHOUD

WOORD VOORAF

Over vluchtelingen hebt u ongetwijfeld al veel gelezen en gezien in de media, misschien hebt u er al een mening over. Maar wie heeft ooit al één vluchteling ontmoet?

Dit boek wil u uitnodigen tot het ervaren van het standpunt en de belevingswereld van mensen die vluchten voor oorlog, persoonlijke vervolging of uitbuiting. De plaats waar u zich bevindt en de tijd waarin u leeft – zo blijkt uit de vluchtelingenverhalen – kunnen meer bepalend zijn voor uw identiteit dan de vraag wie u bent. Mensen vluchten van de verkeerde plaats in de verkeerde tijd naar een andere plaats, op zoek naar nieuwe kansen om zichzelf te zijn. Deze bundeling van portretten in woord en beeld vormt de neerslag van evenveel ontmoetingen van schrijver Bart Demyttenaere en de fotografen Dieter Telemans en Nick Hannes met mensen op de vlucht in België anno 2004.

Verkeerde tijd, verkeerde plaats

Bart Demyttenaere reconstrueerde de complexe levensverhalen van vijf vluchtelingen, hij kruipt in de huid van de mensen die hij ontmoet, leent hen zijn woorden en geeft hen een stem. Zij vertellen hun verhalen in de ik-vorm. Daarnaast sprak Bart Demyttenaere ook met een hulpverlener van het OCMW van Antwerpen die in een professionele context en gebonden aan wetten en regels, dagelijks geconfronteerd wordt met vluchtelingen.

Tijdens het uitdiepen van zijn onderwerp stuitte Bart Demyttenaere op de onvermoede vluchtverhalen van zijn beide grootmoeders, die in de Eerste Wereldoorlog op de vlucht gingen en opgevangen werden in het buitenland. Blijkt dat de "verhalen van toen ik een vluchteling was" veel overeenkomsten hebben, of ze nu in een vorige eeuw verteld werden, of door vluchtelingen vandaag. Tijdens de Eerste Wereldoorlog was bijna een kwart van de Belgen op de vlucht, vandaag vragen we ons af of we als samenleving wel vluchtelingen moeten opvangen. Dit boek wil dan ook een duidelijke link leggen tussen de vergeten vluchtgeschiedenis van "het eigen volk", en onze actuele houding tegenover vluchtelingen.

Etappes van de asielprocedure

De drie documentaire fotoreeksen van Nick Hannes in dit boek tonen het traject dat de asielzoeker aflegt in België. Hoe verloopt de registratie, het onderzoek en de ondervraging bij de dienst Vreemdelingenzaken, en vervolgens het interview bij het Commissariaat-Generaal voor de Vluchtelingen en de Staatlozen? Op welke manier bewonen asielzoekers de open opvangcentra in Jodoigne, Kapellen en Sint-Pieters-Woluwe? En wat speelt zich af in het centrum voor illegalen van Merksplas, Transitcentrum 127 in Melsbroek, en de lokalen van de AGAI (scheepvaartpolitie Zeebrugge, cel administratieve en gerechtelijke afhandeling van illegalen)?

De foto's tonen dat dé asielzoeker niet bestaat, wél een bepaalde conditie waarin asielzoekers zich zonder onderscheid bevinden; een toestand onder voorbehoud, een noodgedwongen passieve situatie van onzekerheid en wachten op positief of negatief van de Dames en Heren van de Jury. De foto's zijn doordrongen van deze wachttijd, de tijd van verveling, dromen en gevecht tegen de spoken van het verleden. Hannes weet de vervreemdende afstand tussen de asielzoeker en de plaats van asielopvang uit te vergroten, en als een vraag terug in ons gezicht te slingeren: hoe bewegen mensen zich in de ruimte die wij voor hen afbakenen? Zijn foto-essay verbeeldt de kwetsbaarheid en het onbehagen van het individu dat zich verhoudt tot een (opvang)systeem.

Portretten

Er zijn in België ook mensen en plaatsen die onzichtbaar blijven. Dieter Telemans ontmoette afgewezen asielzoekers en mensen die al jarenlang wachten op een beslissing over hun asielaanvraag. Een paradoxale situatie: hoe maak je een portret van mensen die zich onmogelijk her-kenbaar kunnen maken? Telemans koos voor een esthetiserende zwart/witbenadering: een fotografische vertaling van het respect voor de menselijke waardigheid van deze mensen zonder papieren, die in de heersende perceptie vaak negatief worden geviseerd. Hij gebruikt omwegen om hun anonimiteit te garanderen en tegelijk hun getuigenis te honoreren: hij focust op een bepaald attribuut dat aangeeft wat deze persoon 'tekent', en op de schaduw als symbool voor het verdwijnen in bestaansonzekerheid.

Plaatsen zonder papieren

Telemans fotografeerde ook zones van illegaal verblijf: plaatsen waar mensen zonder papieren leven in moeilijke omstandigheden. In die ruwe en toch fluweelzachte foto's van haveloze schuilplekken maakt Telemans de afwezige figuur van de bewoners op een intimistische manier met veel mededogen aanwezig.

Een lange weg

Dit boek gaat gepaard met een reizende tentoonstelling. Dat gecombineerde project heeft een lange weg afgelegd en is ontstaan uit gesprekken tussen Piet Chielens, Inge Henneman, Bart Vangrysperre, Patricia Peeters en Mieke Candaele.

Piet Chielens is de tentoonstellingsmaker achter "Vluchten voor de Oorlog. Het verhaal van Belgische vluchtelingen in WO I" in het In Flanders Fields Museum te Ieper in 2004. Hij droeg met zijn expertise bij tot het overkoepelende concept en basisscenario van dit project omtrent "vluchten voor de oorlog – vluchten vandaag". Inge Henneman kon als curator actuele fotografie in het FotoMuseum Provincie Antwerpen Nick Hannes en Dieter Telemans de opdracht geven "undercover" te gaan, respectievelijk als asielzoeker en "mens zonder papieren". Patricia Peeters werkt bij het departement Maatschappelijke Integratie van OCMW Antwerpen aan projecten rond culturele en maatschappelijke ontplooiing. Zij wist Bart Demyttenaere te overtuigen om aan dit project deel te nemen, hetgeen resulteerde in een nieuw boek. Michael Vandenbril "artistiek coördinator van Antwerpen Wereldboekenstad 2004" zorgde voor een bijkomende ondersteuning voor de schrijfopdracht. Bart Vangysperre was door zijn jarenlange ervaring in de opvang van asielzoekers uitstekend geplaatst om de auteur en de fotografen bij te staan met zijn kennis van problemen, profielen, contacten en onderduikadressen. Mieke Candaele stak een moedige hand uit naar dit project, dat nochtans geen promotieclip is geworden voor Fedasil, het Federaal Agentschap voor de Opvang van Asielzoekers, waar zij instaat voor de externe communicatie. Zij maakte het zo mee mogelijk dat deze ontmoetingen met vluchtelingen tot in alle hoeken van België te zien zullen zijn in een reizende tentoonstelling.

De tentoonstelling is achtereenvolgens te zien in FotoMuseum Provincie Antwerpen, van 11 maart tot 10 april 2005, in het In Flanders Fields Museum te Ieper, van 15 april tot 28 mei 2005 en in de open opvangcentra van Fedasil in het hele land van juni tot december 2005. Vanaf januari 2006 kan de tentoonstelling worden gehuurd. Kandidaat-huurders kunnen een aanvraag indienen bij het FotoMuseum (contactpersoon Monica Sandoval, telefoon 03-242 93 00).

Namens de stuurgroep van het project 'Verkeerde tijd, verkeerde plaats'
(Mieke Candaele, Piet Chielens, Inge Henneman, Patricia Peeters, Bart Vangrysperre)

ceia
ceia
46

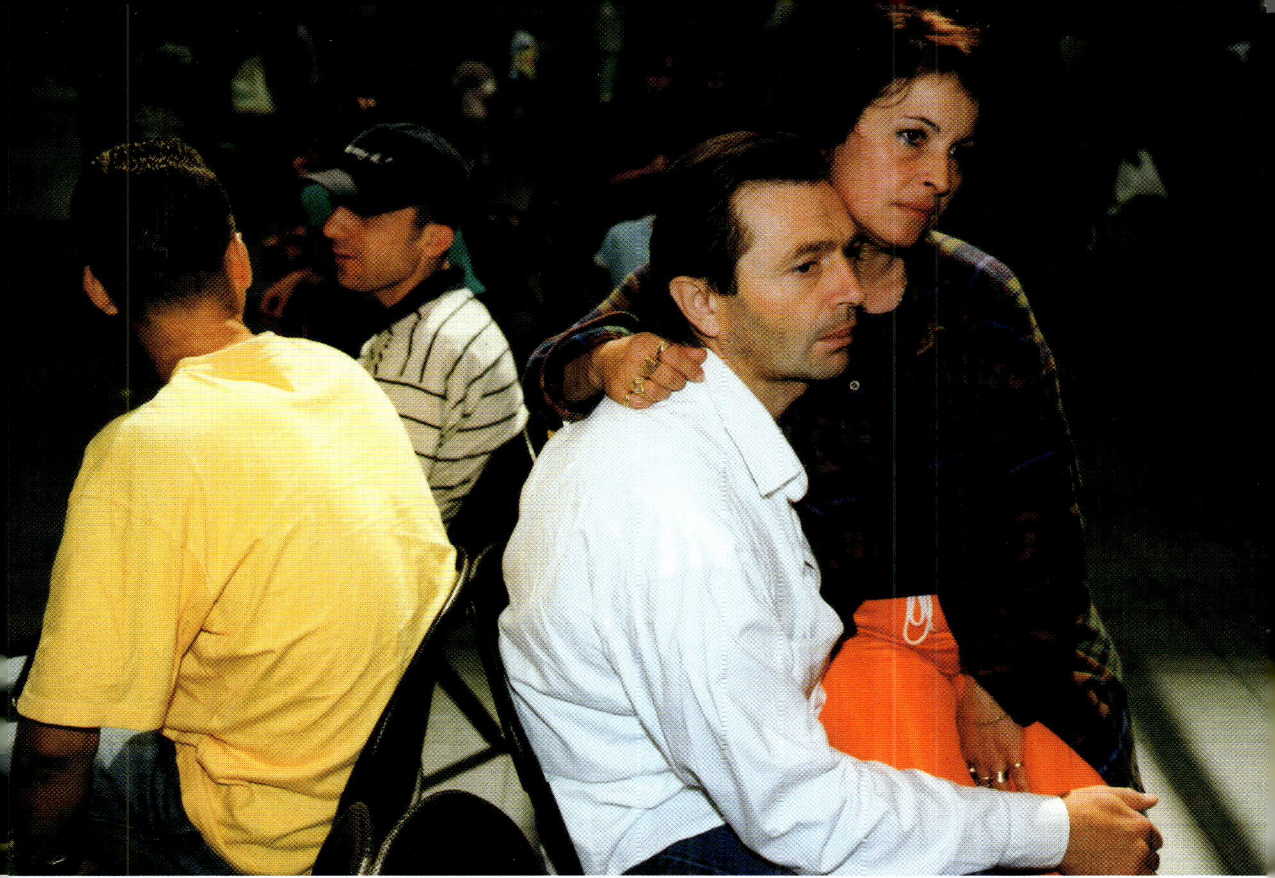

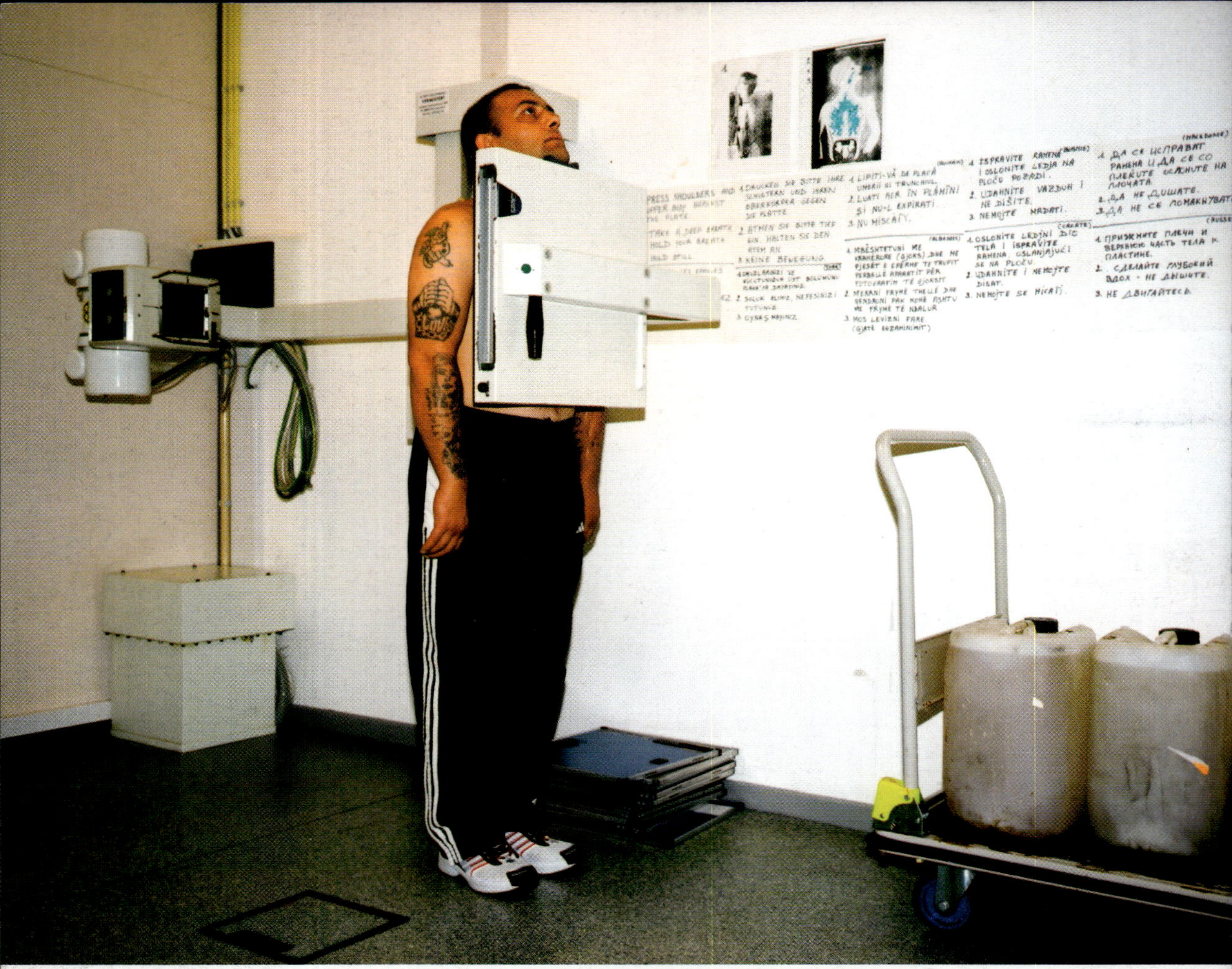

Pag. 9: Een gezin wacht aan de poort van de Dienst Vreemdelingenzaken (DVZ) in de Brusselse Noordwijk.
Pag. 10: Kandidaat-vluchtelingen wachten 's ochtends aan de DVZ.
Pag. 12, boven: Een Romagezin in de wachtzaal van de DVZ.
Pag. 13, onder: Een Afrikaanse familie wordt geregistreerd bij de DVZ.
Pag. 14-15: De wachtzaal van het Commissariaat-Generaal voor de Vluchtelingen en Staatlozen in Brussel.
Pag. 16: De cel tbc-opsporing maakt een longfoto om asielzoekers te controleren

VERKEERDE TIJD, VERKEERDE PLAATS

Bart Demyttenaere

Suzanne

Geluwe, 3 oktober 1914

Papa spant Max en Martha voor de karren.
Onze trouwe boerenpaarden.
De voorste kar is volgeladen met huisraad en kleine meubeltjes.
Mama legt dekens en linnengoed op de bodem van de andere kar.
Ik heb het hek van de wei opengezet en de koeien laten lopen.
Ik begrijp niet waarom, maar het moest van papa.

Mama helpt de kleintjes op de tweede kar.
Mijn broertje Rudolf is nog een baby.
Hij mag op schoot bij mijn oudste zus Zoé.
Papa klimt op de eerste kar.
Hij kijkt nog even achterom.
Ik ook.
Ik zie lege stallen.
Verlaten konijnenhokken.
Een volle schuur.
Het vlas is binnen.
Papa heeft gezegd dat het een goede zomer was.

Het erf van de Lindehoeve.
Ons huis.
Akelig stil.
'Ju!' roept papa.
Max zet zich in beweging.
Martha volgt vanzelf.
Ik kijk nog eens achterom.
Ons huis wordt steeds kleiner.
Tot het er niet meer is.
Ik moet huilen maar ik durf niet.

Fernande

Antwerpen, 8 oktober 1914

Het is druk in de haven.
Ik zie alleen maar ruggen en benen van grote mensen.
Iedereen duwt tegen iedereen.
De grote mensen zijn gehaast en bang.
Ik ben alleen maar bang.
Mama drukt Jeanneke stevig tegen zich aan.
Papa tilt mij op zijn schouders.
Dat is leuk.
In de verte zie ik een groot schip.
Het lijkt wel de stoomboot van Sinterklaas!
Maar papa zegt dat het niet kan.
Sinterklaas woont in Spanje.
En daar is geen oorlog.

In de verte klinken luide knallen.
Dreigend.
Als aanrollende donderkoppen.

Wij gaan aan boord.
Papa, mama, Jeanneke en ik.
De loopbrug wordt ingehaald.

De boot vertrekt meteen.
We varen op de Westerschelde.
De toren van de kathedraal wordt kleiner en kleiner.
Ik blijf kijken tot hij helemaal weg is.

Solomana Sesay (portret Dieter Telemans)

DE GEBROKEN REUS VAN LIBERIA

Vrijdag 28 mei 2004

We hebben om vijf uur afgesproken in een park vlakbij het Noordstation in Brussel. Het park is groter dan ik verwacht had. Het is er op dit uur van de dag ook nog bijzonder druk. Kinderen spelen, jongeren hangen verveeld rond, jonge moeders slenteren over de paden, baby's gaan trots van arm tot arm. Afrikanen, Oost-Europeanen, Aziaten. Slechts enkele bleke vlekken in dit multiculturele decor: de toeristen in de gigantische luchtballon van Belgacom die boven het park zweeft, en ik.

Solomana is Afrikaan. In het park zie ik minstens vijftien potentiële Solomana's. Ik bel hem op zijn gsm-nummer. Solomana verontschuldigt zich. Hij staat nog onder de douche. Ik vind een vrije plaats op een bank tegenover een hotel.

Ruim na zessen schuifelt een boom van een kerel aarzelend mijn richting uit. Onze kennismaking verloopt stroef. Taalbarrières en wederzijdse zenuwachtigheid staan een vlotte communicatie in de weg. Ik stel voor om samen een glas te drinken. Ik vertel over het project. De tentoonstelling. Het boek. Solomana twijfelt. Hij wil garanties. Hij vraagt of ik iets voor hem kan regelen. Of ik mensen ken die zijn situatie positief kunnen beïnvloeden. Ik maak hem duidelijk dat mijn enige kracht in woorden zit. Dat zijn verhaal en mijn woorden de enige wapens zijn in de ongemeen harde procedureslag die boven onze hoofden wordt uitgevochten.

Zaterdag 13 juni 2004

Telefoon van Solomana. Of onze afspraak overmorgen kan worden uitgesteld. Ik voel de twijfel in zijn stem. En de angst. Solomana is bang. Bang om weer niet geloofd te worden. Bang voor de gerichte vragen die de demonen in zijn hoofd onvermijdelijk zullen ophitsen. Bang voor de psychologische weerslag op zijn leven. Ik maak hem duidelijk dat we onze afspraak niet kunnen uitstellen. Mijn agenda zit vol. Solomana belooft me dat hij maandag stipt op de afspraak zal zijn.

Maandag 15 juni 2004

Twaalf uur 's middags. Taverne Maciotto nabij de hoofdingang van het Noordstation. Solomana is er niet. Ik bel hem op. 'I am on my way to the station. I will meet you in five minutes,' verzekert hij mij. De vijf minuten worden er dertig. Solomana verontschuldigt zich. Hij stond weer onder de douche. Hij wou helemaal schoon zijn voor onze gesprekken. Letterlijk alle smerigheid van zich afwassen.

Kwart voor één. Telefoon voor Solomana. Nadia Borremans van het Belgisch Comité voor Hulp aan Vluchtelingen. Solomana geeft me zijn gsm. Ik probeer Nadia Solomana's situatie in enkele minuten uit te leggen. We mogen vandaag nog langs komen. Solomana spurt naar huis om zijn documenten op te halen. Hij is een van de weinige vluchtelingen met originele papieren. Hij toont me zijn Liberiaanse identiteitskaart en de originele geboorteakte, afgeleverd door het ministerie van Gezondheid en Sociaal Welzijn in Liberia. We bestellen verse muntthee in een zaak op het Sint-Rochusplein.

Zoon van een stamhoofd

Solomana: 'Ik ben op 12 november 1978 geboren in Sanniquellie, de tweede grootste stad van Liberia. Mijn vader Foday Sesay was een belangrijk man. Als stamhoofd van de Madingo genoot hij in de plaatselijke gemeenschap een groot aanzien. Mijn moeder Bintu Sisi was van Guineese afkomst. Ik heb een oudere broer Abubakar en een jongere broer Yakuba. Ik heb alleen maar goede herinneringen aan mijn kindertijd. Mijn ouders waren welgestelde mensen. We woonden in een mooi huis in de best mogelijke levensomstandigheden. Papa was een succesvol zakenman. Hij handelde in diamanten. Mama beredderde het huishouden en wij gingen naar school. Mijn broers en ik werden met de auto naar school gebracht en daarna weer opgehaald. Tot in 1989 de oorlog uitbrak, leidden wij een onbekommerd en gelukkig leven.

Als kleine jongen was ik bezeten van voetbal. Elk goed schoolrapport leverde mij een nieuw voetbalattribuut op. Papa verraste me met een hippe shirt of een echte lederen voetbal. Zoals alle Liberianen was ik een fervent supporter van het Liberiaanse nationale voetbalteam, maar *The Invisible Eleven* was mijn favoriete voetbalclub. Mijn grote jeugdidool was de internationaal bekende spits George Weah.

Voor de oorlog werden we heel strikt islamitisch opgevoed. Papa zag er persoonlijk op toe dat we onze gebeden deden en trouw de diensten in de moskee bijwoonden. Als ik erin slaagde de zware ramadanperiode goed door te komen, was papa bijzonder tevreden. Hij beloonde me met een ijsje of nam me mee naar de supermarkt waar ik iets leuks voor mezelf mocht kopen. Zo probeerde hij me aan te moedigen om het de volgende keer ook vol te houden.

Met mama had ik een warme band, maar van papa was ik soms bang. Papa was heel streng, maar wel rechtvaardig. Hij hield van ons en hij wou ons zo goed mogelijk opvoeden. Zijn principiële houding maakte het leven voor ons niet eenvoudig. Abubakar, Yakuba en ik moesten in de eerste plaats modelkinderen zijn. Na schooltijd mochten wij bijvoorbeeld nooit met de jongens van de buren of met vrienden op straat spelen. Dat vond papa ongepast. Om ons zoveel mogelijk thuis te houden, kocht hij een televisie, een radio en een video. Op materieel vlak kwamen wij niets te kort. De andere mensen in de buurt hadden veel bewondering en respect voor ons. Als traditionele Madingo-chef had mijn vader geen politieke maar wel grote maatschappelijke invloed.

Naarmate wij ouder werden, had mama steeds minder om handen. Om de leegte die ontstond in te vullen kocht ze een grote diepvries en begon ijslolly's te maken, die ze door andere mensen op straat liet verkopen.'

Burgeroorlog

Solomana: 'In september 1989 kwam er bruusk een eind aan ons geluk. De rebellenleider Charles Taylor viel met zijn troepen vanuit Ivoorkust het oosten van Liberia binnen. Dat was het begin van een jarenlange bloedige burgeroorlog waarin verschillende krijgsheren zoveel mogelijk macht over Liberia probeerden te krijgen. Om hun strijd te rechtvaardigen werden historische rassenconflicten bewust opgerakeld. Toen de eerste golf van in paniek geraakte vluchtelingen Sanniquellie bereikte, werd duidelijk dat we niet langer veilig waren. We pakten onze koffers en vertrokken naar Monrovia. In de eerste maanden van de burgeroorlog was het in de hoofdstad nog betrekkelijk rustig, ook al stuurden de meeste ambassades hun personeel terug naar huis. Tussen 1990 en 1992 werd Monrovia verschillende keren door de rebellen aangevallen, maar ze slaagden er niet in de stad in te nemen.

Wij huurden een huis in Sinkor Avenue aan de rand van de hoofdstad. Wanneer we geld nodig hadden, verkocht pa een van zijn diamanten. Op die manier konden we al die tijd rustig leven. Wegens de aanhoudende gevaarlijke situatie ben ik jarenlang niet naar school kunnen gaan. De meeste ouders hielden hun kinderen liefst in hun buurt. Pas in 1994 leek het erop dat de Liberiaanse regering de situatie onder controle had en konden we terugkeren naar mijn geboortestad Sanniquellie. Als bij wonder was ons huis niet geplunderd. We konden ons gewone leven van weleer terug opnemen. Papa stortte zich opnieuw op de diamanthandel. Mijn broers en ik konden weer naar school.

Ergens in april 1996 werd de draad van ons gewone leven definitief doorgeknipt. De precieze datum kan ik me niet meer herinneren. Ik was toen zeventien jaar oud. Op een dag viel het NPFL van Charles Taylor vanuit Guinea Sanniquellie binnen. De rebellen lieten een spoor van bloed en vernieling achter. In enkele dagen tijd werden duizenden onschuldige burgers op een gruwelijke wijze afgeslacht. Vooral mijn stamgenoten, de Madingo's, werden geviseerd. De troepen van Taylor beschouwden ons als ongewenste, onzuivere Liberianen. Hele families werden op straat gedreven en meedogenloos de keel overgesneden. De rebellen waren vooral uit op het vel van de plaatselijke notabelen. Mijn vaders naam stond bovenaan op de dodenlijst.'

Vuile Madingo-hond

Solomana: 'Toen de rebellen onze straat innamen, was ik met mijn ouders alleen thuis. We hoorden schoten en luid gillende mensen. Voor we beseften wat er precies aan de hand was, vielen zwaar bewapende strijders ons huis binnen. Mijn ouders werden ruw naar buiten gesleurd. Papa protesteerde heftig. Mama huilde. Enkele seconden later had ik geen ouders meer. Ze werden met een mitrailleur neergemaaid. Tijd om te rouwen was er niet. Vrijwel meteen na de moord op mama en papa was ik aan de beurt. Mijn handen werden met een stuk touw op mijn rug gebonden. Een van de rebellen drukte een geweer tegen mijn slaap. Op dat ogenblik kwam John tussenbeide. John was een jongen uit de buurt. Hij behoorde tot de Bassa-stam. John stelde voor mijn leven te sparen omdat ik nog 'nuttig' kon zijn door andere vooraanstaande Madingo-leden aan te wijzen. Veel keuze had ik niet. Ik werd geschopt en geslagen. Op straat lagen de lijken van mijn ouders. Ik huilde. Ik werd geboeid meegetrokken en vernederd. De rebellen scholden me uit voor *vuile Madingo-hond*.'

Ontvoerd

Solomana: 'De volgende maanden waren een hel. Overdag moest ik onder bedreiging met de rebellen mee de stad in. Tientallen huizen heb ik aangewezen. Hele families werden voor mijn ogen als beesten afgeslacht. Mannen, zwangere vrouwen, kleine kinderen. Niemand werd ontzien. Na elke moordpartij kreeg ik er zwaar van langs. 's Nachts werd ik in een kleine donkere cel opgesloten.

Nadat Sanniquellie "uitgezuiverd" was, kwamen de steden Kakata en Mbanga aan de beurt. Ik moest alle toevallige passanten in mijn moedertaal vragen hoe ze heetten. Een Madingo herken je naast zijn dialect ook aan de islamitische voornaam. Door mijn toedoen werd elke Mohammed, Ali, Ibrahim, Mussa, Fanta, Maria of Asata die ons pad kruiste meteen gedood.

In het begin moest ik enkel mensen ontmaskeren, maar naarmate de rebellen in Kakata en Mbanga meer terrein veroverden, werd ik verplicht tot het effectief doden van onschuldige mensen. Mijn ontvoerders stopten me een geweer in handen en dwongen me mijn eigen stamgenoten af te maken. Na elke raid werd ik in een legertruck gesleurd. Op de terugweg naar de basis in Sanniquellie werd ik door mijn begeleiders geschopt en geslagen. Daarna werd ik in mijn cel opgesloten. Ik kreeg niet eens de toestemming om naar het toilet te gaan. Mijn behoeften deed ik noodgedwongen in een hoek van mijn cel.

Na weken van mishandelingen en vernederingen, kreeg John medelijden met mij. Op een avond kwam hij me in mijn cel opzoeken. Hij zei me dat de rebellen me binnenkort niet meer nodig hadden en dat het moment van mijn executie naderde. John raadde me aan zo snel mogelijk via de ondergrondse riolering te vluchten. Volgens hem was dat de enige veilige manier om de stad heelhuids te verlaten. Na zijn vertrek liet John de celdeur open. Waarschijnlijk wilde hij zo zijn geweten sussen. Ik heb niet lang getwijfeld. Meer dan een uur heb ik door de stinkende brij van de riolering gewaad. Uiteindelijk bereikte ik de rand van het oerwoud. Ik was compleet gedesoriënteerd en wist niet waar ik was. Ik wilde zo snel mogelijk de grens met Guinea of Ivoorkust bereiken.'

16u10

Solomana kijkt op zijn horloge.

'We have to go. Nadia is waiting for us.'

We nemen de metro aan het Noordstation. Onderweg zeggen we geen woord. Er stappen twee politieagenten in ons treinstel. Solomana schuifelt zenuwachtig op zijn stoel. Hij frunnikt aan de bruine envelop met zijn papieren. De agenten zijn druk in gesprek en letten niet eens op ons.

Het Belgisch Comité voor Hulp aan Vluchtelingen ligt op de vierde verdieping van een kantoorgebouw in de Defacqzstraat. Nadia Borremans biedt ons koffie aan. Solomana toont zijn papieren en beantwoordt enkele vragen. Nadia belooft dat ze zal informeren naar de ontwikkelingen in zijn procedure. We mogen morgen opnieuw bij haar langsgaan. Solomana is duidelijk opgelucht als we het kantoor verlaten.

In een zijstraat van de Louisalaan eten we een pizza.

Chauffeur

Solomana: 'Twee volle dagen heb ik in het uitgestrekte woud rondgedoold. Zonder eten. Zonder drinken. Alleen de angst hield me overeind. Totaal uitgeput viel ik in handen van het *Unimoh-K*, een rebellengroep die vooral uit gevluchte Madingo's bestond. Eerst werd ik beschuldigd van collaboratie met de troepen van John Taylor. Het heeft me veel moeite gekost om hen uit te leggen dat ik geen krijger was maar een eenvoudige jongen wiens ouders waren vermoord. Ik maakte hen duidelijk dat ik weg wilde. Weg van alle ellende. Ver weg van nog meer ellende. De rebellen hadden geen oor voor mijn argumenten. Ik moest met hen mee optrekken om mijn familie te wreken. Omdat ik geen keuze had, benadrukte ik dat ik niet met wapens overweg kon, maar dat ik wel een auto kon besturen. Dat heeft mijn leven gered. Een half jaar lang zat ik aan het stuur van een kleine Toyota.

In het vooruitzicht van nieuwe presidentsverkiezingen werden in juli 1997 alle rebellengroepen door een internationale vredesmacht gedwongen hun wapens in te leveren. Ik heb van die situatie dankbaar gebruik gemaakt om *Unimoh-K* te verlaten. Ik ben meteen naar Monrovia getrokken. Ik wou alles zo snel mogelijk vergeten en een nieuw leven beginnen in de anonimiteit van de hoofdstad. Een bevriende Madingo-jongen is met me meegereisd.

Samen deelden we een kleine kamer in het centrum van de hoofdstad. In Monrovia probeerde ik als straatventer te overleven. Met afvalhout maakte ik een draagtafeltje. Ik verkocht sigaretten, lucifers, snoepjes en kaarsen. Ik verdiende net genoeg om voedsel en mijn deel van de kamerhuur te betalen.'

Dwangarbeid in Monrovia

Solomana: 'Begin 1998 kwam mijn leven weer onder grote druk te staan. In de buurt waar ik woonde, werd ik herkend door een jonge Madingo die tijdens de onlusten in Sanniquellie naar Monrovia was gevlucht. Ik werd van volksverraad en collaboratie met de vijand beschuldigd. Niemand wilde nog samen met mij gezien worden. Ik was nergens meer welkom. Niet in de moskee, zelfs niet in mijn eigen straat. Als ik me ergens durfde te vertonen, werd ik met de dood bedreigd. Men dreigde ermee me op een nacht de keel over te snijden. Er zat niets anders op dan naar de andere kant van de stad te verhuizen.

In het najaar van 1998 werd de politieke situatie in Liberia opnieuw grimmig. Oude spanningen tussen de regeringspartij en de Madingo's kwamen terug bovendrijven. De regering vreesde een eventuele staatsgreep en voerde de beveiliging op. Overal in de stad werden controleposten geïnstalleerd. Het wantrouwen en de spanning namen met de dag toe. Op een avond in september werd de taxi die me naar huis voerde door een groep soldaten tegengehouden. Mijn identiteitskaart die mijn Madingo-achtergrond kon verraden had ik niet bij me. Eerst namen de soldaten genoegen met het excuus dat ik mijn papieren thuis vergeten was, maar een van hen stond erop me voor de zekerheid grondig te fouilleren. In de achterzak van mijn jeans ontdekten ze het rijbewijs dat enkele maanden eerder was uitgereikt door de rebellen van UNIMOH-K. Ik kreeg stokslagen en werd meteen gearresteerd onder beschuldiging van samenzwering tegen de staat en voorbereiding van een staatsgreep. Zonder uitleg werd ik in de gevangenis van Monrovia opgesloten. Tot mijn grote verbazing zat de gevangenis vol met andere zogenaamde staatsgevaarlijke Madingo's. Mijn gevangenschap heeft meer dan een jaar geduurd. Ik praat niet graag over die periode. Het was voor mij een heel barre en enge tijd. We zaten als sardienen in een blik. Het was er smerig en er was geen stromend water. Al die tijd heb ik me niet behoorlijk kunnen wassen. Ook waren er geen toiletten. In elke cel stond een toiletemmer. Pas als de emmer letterlijk overliep, werd een "vrijwilliger" aangeduid die de drek moest ledigen. Tijdens het weekend moesten we dwangarbeid verrichten. Ik stond in voor het onderhoud van de grasperken rond het gevangenisgebouw. We kregen net genoeg eten om het vol te houden, maar nooit genoeg om onze maag helemaal te vullen. Bijna dagelijks werd er letterlijk om elkaars porties gevochten. In de Liberiaanse gevangenissen geldt alleen het recht van de sterkste.'

Vluchtelingenkamp in Guinee

Solomana: 'Terwijl ik aan het werk was, sprak een van de gevangenisbewakers me aan. Hij informeerde naar mijn ouders en mijn broers. De man had mijn vader goed gekend en daarom wilde hij me helpen. Ik moest hem wel beloven dat ik na mijn ontsnapping uit de gevangenis meteen Liberia zou verlaten. Anders kwam hij in de problemen. Op 8 juli 1999 liet de man in kwestie me uit de cel roepen. Ik moest de toiletemmer buiten gaan leegmaken. Hij begeleidde me tot buiten de gevangenis en duwde me in zijn auto. We haalden samen mijn identiteitskaart en mijn geboortebewijs op. Daarna reed hij me naar de marktplaats. Hij zette me op de bus met bestemming de Guineese grens. De chauffeur kreeg een dikke fooi om me onder geen beding onderweg te laten uitstappen. De reis duurde twee dagen. Zonder de veelvuldige controles hadden we het in één dag kunnen doen. Een Guineese grenswachter stuurde me meteen door naar Nzérékoré, een provinciestadje net over de grens van Liberia. Daar kwam ik terecht in een heel uitgestrekt tentenkamp waar duizenden Liberiaanse vluchtelingen woonden. Naarmate de situatie in Liberia verslechterde, nam het aantal vluchtelingen toe. Elke dag werd het kamp overspoeld door tientallen, op piekdagen zelfs honderden, nieuwe bange mensen. Ik ben op 10 juli 1999 in Nzérékoré aangekomen. Ruim twee jaar heb ik in het kamp gewoond. In het begin werden we goed verzorgd. We kregen voldoende voedsel en water om ons te wassen.

Na een jaar konden de Guineese autoriteiten de steeds grotere toeloop van Liberiaanse vluchtelingen niet meer aan. Onze levensomstandigheden verslechterden. Het voedsel werd gerantsoeneerd en er was een chronisch tekort aan drinkbaar water. Bovendien werd het kamp geteisterd door cholera. De meest verzwakte mensen stierven. Vooral kleine kinderen en oudere mensen waren het slachtoffer van deze vreselijke ziekte. Ik ben aan de cholera ontsnapt. Wel heb ik maanden last gehad van diarree en vertoonde ik uitdrogingsverschijnselen. Met twee vrienden ging ik elke dag op het veld van een Guineese boer buiten het vluchtelingenkamp werken. Met het beetje geld dat we verdienden, konden we onze karige rantsoenen aanvullen. Dat is onze redding geweest.

Ondanks de ellendige situatie was er ook goed nieuws. Van verschillende vluchtelingen vernam ik dat mijn oudste broer nog in leven was. Iemand verzekerde me dat Abubakar veilig en wel in de Guineese hoofdstad Conakry leefde. Ik was ontzettend blij dat mijn broer het goed maakte. Over het lot van mijn jongste broer Yakoba kon evenwel niemand iets vertellen. Tot vandaag heb ik niets meer van Yakoba gehoord.

De situatie in het zuiden van Guinee werd geleidelijk aan gevaarlijk omdat de troepen van rebellenleider Charles Taylor voortdurend de grens overstaken en raids uitvoerden op de steden Guéckédou en Macenta. De plaatselijke Guineese burgers werkten hun frustraties uit op de Liberiaanse vluchtelingen. We werden beschuldigd van collaboratie. De voedselvoorziening werd afgebroken en elke Liberiaan die zich buiten de omheining van het kamp waagde, werd gearresteerd en opgesloten. Het was de hoogste tijd om het vluchtelingenkamp te verlaten. Samen met mijn vrienden Musa en Ali besloot ik mijn geluk te zoeken in Sierra Leone. We benaderden andere Liberianen die ook weg wilden. Dat was niet zo moeilijk, want de toestand werd met de dag ondraaglijker. Op 25 juli 2001 besloten we het erop te wagen. Met een twintigtal mensen legden we al ons geld samen. Het was net genoeg om de chauffeur van een minibusje te overtuigen ons naar Voinjama te rijden, een grensplaatsje tussen Liberia en Sierra Leone.'

Keukenjongen

Solomana: 'Na een paar uur reizen vielen we in de omgeving van Foya in een hinderlaag van de LURD-rebellenbeweging. LURD staat voor Liberians United for Reconciliation and Democracy. Mooi klinkende woorden voor nog meer geweld en banditisme. Iedereen werd gedwongen uit de bus te stappen. De rebellen hielden ons onder schot en we moesten onze handen in de lucht steken. De chauffeur van de minibus werd verplicht de vrouwen en kinderen terug naar het vluchtelingenkamp in Guinea te voeren. Ali, Musa en ik werden gevangengenomen. Drie weken lang werden we in een kleine kamer opgesloten. Al die tijd kwamen de rebellen aandringen dat we met hen zouden meestrijden voor een vrij en onafhankelijk Liberia. We weigerden en bleven herhalen dat we gewone burgerjongens waren die voor de oorlog op de vlucht waren. We hadden geen zin om "warriors" te worden. Toen het geduld van onze ontvoerders op raakte, zagen we in dat we iets moesten doen. Ali en Musa stelden voor dat ze voor de rebellen wilden rijden en ik maakte hen wijs dat ik een prima kok was. Dat leek me de enige manier om aan de dagelijkse gevechten te ontsnappen. Het was de veiligste taak die ik op dat ogenblik kon bedenken. Ik had nog nooit in mijn leven gekookt. Musa en Ali werden weggeleid. Ik heb mijn vrienden nooit meer gezien. Ik moest mee naar het rebellenkamp in Kolahun. Ik ben ongeveer een jaar in gedwongen LURD-dienst geweest. Elke ochtend moest ik onder begeleiding van een gewapende escorte voedsel kopen op de markt van Kolahun. Het was een heel zware periode. Samen met enkele andere jongens werd ik als slaafje van enkele commandanten gebruikt. Alle rotklussen waren steevast voor ons en we moesten dag en nacht ter beschikking zijn. We waren op geen enkel ogenblik vrij. Elke dag werd ons duidelijk gemaakt dat een eventuele ontsnappingspoging onmiddellijk met de dood zou worden bestraft.

Na enkele maanden begonnen de rebellen steeds minder op mij te letten. Niet dat ze me vertrouwden, maar ik was al zo lang "in dienst" dat ze me stilaan beschouwden als een vast onderdeel van het rollend materieel. Ze gaven me zelfs geld om de boodschappen te doen. Steeds vaker werd ik alleen naar de markt gestuurd, zonder gewapende escorte. Stelselmatig drukte ik een klein beetje van het boodschappenbudget achterover. Ik besefte dat ik geld nodig had om te kunnen vluchten. Zonder middelen was ik bij voorbaat verloren.

Het vooruitzicht op een mogelijke ontsnapping gaf me de moed om mijn slavenleven vol te houden. De volgende maanden probeerde ik zo weinig mogelijk op te vallen en zoveel mogelijk te sparen.'

Het is bijna donker als we afscheid nemen. Solomana is moe. Ik ook. We zijn zowel fysiek als mentaal uitgeput. Ellende kruipt in de kleren. We zijn allebei aan rust toe. Morgen zetten we ons gesprek verder. We spreken om elf uur op het stationsplein af. Solomana belooft op tijd te zijn.

Dinsdag 16 juni 2004

Elf uur stipt. Solomana staat me breed lachend op te wachten voor de trappen van het stationsgebouw.

'Vandaag heb ik me aangepast aan het Europese uur,' grapt hij. 'De vorige keren was ik ook op tijd. Naar Afrikaanse normen toch.'

We drinken koffie in de Italiaanse taverne Maciotto in de stationshal. Het is opvallend rustig. Een man is verdiept in zijn krant. De tafeltjes rondom ons zijn leeg.

Solomana wijst naar een lange marmeren zitbank in de buurt.

'Daar heb ik geslapen,' zegt hij. 'Dat was mijn eerste bed in Brussel.'

Vluchtelingenkamp in Ivoorkust

Solomana: 'Op een avond in juli 2002 riep de commandant me bij zich. Hij gaf me driehonderd Amerikaanse dollars waarmee ik de volgende ochtend de boodschappen moest betalen. Dat was heel ongebruikelijk. Normaal kreeg ik het geld pas 's morgens. De man zei me dat hij de volgende dag heel vroeg met zijn manschappen "op missie" vertrok. Dat was natuurlijk de uitgelezen kans waarnaar ik al maanden had uitgekeken. Toen ik zeker was dat iedereen vast sliep, nam ik de benen. Ik sloop ongezien uit het kamp en rende zonder rusten naar Salayé, een dorpje in de buurt. Daar vond ik iemand bereid me tegen betaling naar het centrum van Kalaho te brengen. Na lang onderhandelen wou een taxibestuurder me voor het aanlokkelijke bedrag van vijftig dollar naar de grens met Ivoorkust rijden. We deden er drie dagen over Van Kulaho reden we naar Voinjama. Daarna passeerden we Zorzor, Gbarnga en Ganta. In Danané, het eerste grensdorp op het grondgebied van Ivoorkust, werd ik meteen overgebracht naar een vluchtelingenkamp. In het kamp verbleven zeer veel vluchtelingen uit Liberia. De hygiënische omstandigheden waren ronduit slecht. De vluchtelingen waren verplicht op het kampterrein te blijven. Wie zich toch buiten het kamp waagde, werd meteen door de politie gearresteerd en in de gevangenis opgesloten. In het kamp maakte ik kennis met Mozes. We trokken elke dag met elkaar op en raakten bevriend. Mozes overtuigde me om samen met hem Danané te verlaten en naar Abidjan, de hoofdstad van Ivoorkust, te vertrekken. Hij kende er een veilige verblijfplaats van de kerkgemeenschap waartoe hij behoorde.'

Opgesloten in Abidjan

Solomana: 'Begin september 2002 zijn Mozes en ik het kamp ontvlucht. Al snel bleek dat we ook in Abidjan niet veilig waren. De politieke situatie begon hier eveneens uit de hand te lopen. De Ivoriaanse politie maakte systematisch jacht op Liberianen die illegaal in de stad verbleven. Mozes en ik durfden ons niet op straat te vertonen. We gaven geld aan de buren om eten voor ons te kopen. Op een avond hield ik het binnen niet meer uit en besloot ik een ommetje te maken. Enkele straten verder werd ik aangesproken door een Ivoriaanse gendarme. Toen de man mijn Liberiaanse identiteitspapieren zag, vorderde hij meteen een politiewagen. Ik werd zonder verdere ondervraging naar de gevangenis van Abidjan overgebracht. Twee maanden heb ik daar verbleven. De omstandigheden waren veel beter dan in de gevangenis van Monrovia, maar ik zat wel weer vast. Begin november 2002 werd ik vrijgelaten. Machtige kennissen van mijn vriend Mozes konden de autoriteiten ervan overtuigen dat ik een gewone vluchteling was en geen gevaarlijke rebel. Na mijn vrijlating dook ik weer bij Mozes onder. De houding van de Ivorianen ten aanzien van de Liberiaanse vluchtelingen verergerde. Wij werden ervan beschuldigd dat we met gevaarlijke rebellengroepen heulden die een permanent gevaar vormden voor de rust in Ivoorkust. Dus besloot ik zo snel mogelijk Abidjan te verlaten. Op een avond begeleidde Mozes me naar de haven van Abidjan, waar hij me aan enkele havenarbeiders voorstelde. Een Afrikaanse bootsjongen die op een groot vrachtschip werkte, wilde me tegen betaling wel verbergen op het schip waarop hij werkte. Het kostte me tweehonderd vijftig dollar, de rest van het geld dat ik van de rebellen had gejat.'

Cruise op de Atlantische oceaan

Solomana: 'Op 23 november 2002 moest ik me na zonsondergang op de kade melden. Ik wist niet eens waarheen het schip zou vertrekken. Ik wilde alleen zo snel mogelijk weg. De precieze eindbestemming interesseerde me niet eens, als het er maar veilig was. Er was me gezegd dat ik brood en water voor onderweg moest meebrengen. Ik nam afscheid van Mozes en overhandigde het geld aan de jonge matroos. Hij loodste me naar een veilige plaats waar niemand me zou komen zoeken. Ik moest hem beloven dat ik me de hele reis gedeisd zou houden. Ik verstopte me in een hoek van het ruim, achter het vuilnis en de afvalcontainers. De jonge matroos zei me nog dat ik 's nachts in de containers zeker wat eetbaars zou vinden. Twee lange weken hield ik me op mijn plekje tussen het afval verborgen. Ik durfde zelfs niet naar het toilet te gaan. Mijn behoeften deed ik in een plastic zakje dat ik tussen het vuilnis aantrof.'

Illegaal in Antwerpen

Op zondag 7 december 2002 legde het schip aan. 's Nachts kwam de matroos me uit mijn schuilplaats bevrijden. Hij vertelde me dat we in Antwerpen waren, een grote havenstad in België. Hij zei me dat België een land in Europa was. Ik was compleet ontredderd. Ik had nog nooit van België of Antwerpen gehoord. Bovendien was het ijzig koud. Ook dat was voor mij een heel nieuw gegeven. De bootsman loodste me ongezien van het schip. In het gezelschap van een aantal Afrikaanse matrozen slaagde ik erin zonder problemen aan de aandacht van de veiligheidsdiensten te ontsnappen. Een van de matrozen bracht me naar het Centraal Station van Antwerpen. Hij liet me daar alleen achter en wenste me veel succes met het vervolg van mijn leven. Ik wist niet wat ik moest denken. Alles was zo vreemd. Ik probeerde met mensen in contact te komen, maar de meesten liepen gewoon door zonder me een blik waardig te gunnen. Dat vond ik onbegrijpelijk. In Afrika is zo'n houding totaal ondenkbaar. Uiteindelijk bracht ik de nacht door op een houten bank in het stationsgebouw. De volgende dag bleef ik doelloos rondhangen in mijn nieuwe omgeving. Ik wist niet wat ik moest doen. 's Avonds sprak een vriendelijke voorbijganger me aan. Het was een jonge Belg die vlot Engels sprak. Hij luisterde naar mijn verhaal. Hij nam me mee naar een snackbar en trakteerde me op een kop koffie en een broodje. Daarna kocht hij een treinkaartje voor mij en zette me op de trein naar Brussel. Hij zei me dat ik in Brussel Noord moest uitstappen en daar moest informeren naar de Dienst Vreemdelingenzaken.

Het was al laat toen ik in Brussel aankwam. Daar vernam ik dat de kantoren van de Dienst Vreemdelingenzaken dicht waren. Noodgedwongen bracht ik de nacht door in het Brusselse Noordstation. Ik had honger en dorst en was doodop. Op de grond aan de ingang zaten enkele mensen te bedelen. Ik viste een lege plastic beker uit een vuilnisbak en besloot hun voorbeeld te volgen. Na een tijdje had ik genoeg geld om een beetje eten te kopen. Daarna ben ik gaan slapen. Mijn tweede nacht op Europese bodem. Mijn tweede nacht in een Belgisch treinstation.'

Dinsdag 16 juni 2004

Drie uur.

Een nieuwe afspraak met Nadia Borremans van het BCHV.

Nadia heeft het dossier van Solomana opgevraagd. Ze zegt dat het er voor hem niet goed uit ziet. Ze belooft Solomana's situatie voor te leggen aan de Juridische Dienst van het Hoog Commissariaat van de Verenigde Naties voor Vluchtelingen.

Bij het buitengaan waarschuwt Nadia me.

'Pas op jezelf,' zegt ze. 'Drijf je betrokkenheid niet te ver. Vergeet nooit dat de meeste vluchtelingen doorwinterde overlevers zijn die er alles voor over hebben om hun doel te bereiken. Waarden en normen worden door vluchtelingen vaak totaal anders geïnterpreteerd.

Wij verkeren in de luxepositie waarin wij ons bepaalde waarden en normen kunnen veroorloven. Vele asielzoekers niet. Zij hebben vaak te veel meegemaakt. Voor hen gelden andere wetten. Houd dat in je achterhoofd tijdens je contacten met asielzoekers.'

Voor het vervolg van ons gesprek kiezen Solomana en ik een rustig plekje op een bank in een park.

Mister Bart van het asielcentrum

Solomana: 'Op dinsdagochtend 9 december 2002 bracht iemand me naar de Dienst Vreemdelingenzaken. Aan de ingang stond een lange rij met mensen van alle mogelijke nationaliteiten. Alle nieuwe vluchtelingen werden een voor een binnengelaten. Mijn identiteitskaart werd gefotokopieerd. Daarna nam iemand een foto van mij. Ten slotte werden mijn vingerafdrukken genomen. Nog dezelfde dag kreeg ik een formulier en een kaartje met een adres. Een beambte gaf me ook nog een trein- en een tramticket. Drie uur later kwam ik in het asielcentrum *Zon en zee* te Westende aan.

Ik ben ongeveer zes maanden in Westende gebleven. Het verblijf in het asielcentrum was een heel aangename periode in mijn leven. Ik had een heel warme band met "Mister Bart", mijn persoonlijke begeleider. Beetje bij beetje heb ik hem mijn hele verhaal verteld. Mister Bart schreef mijn levensgeschiedenis tot in detail op. Dit was nodig om mij goed voor te bereiden op de interviews die ik zou moeten ondergaan. Tijdens de eerste weken van mijn verblijf in Westende voelde ik me heel gefrustreerd. Ik had ineens een zee van tijd waardoor alle nare herinneringen kwamen bovendrijven. De voorbije jaren had ik nooit de tijd gehad om alle ellende te verwerken. Ik had niet geleefd. Ik was vooral bezig geweest met over-leven. In het asielcentrum hadden de spoken uit het verleden vrij spel. Ik miste mijn familie. Mijn overleden ouders. Mijn verdwenen broers. Mijn vrienden. Mijn land. Ik kwam tot het pijnlijke besef dat ik er voortaan helemaal alleen voor stond en dat ik mijn lot niet meer in eigen handen had. 's Nachts kon ik niet slapen en overdag vond ik ook geen rust. De voortdurende onzekerheid was ondraaglijk. Dat is nu nog steeds het geval.'

Negatief

Solomana: 'Op 29 januari 2003 moest ik me om 8u30 in Brussel 's morgens op de Dienst Vreemdelingenzaken (DVZ) aanmelden. Een man stelde me een heleboel vragen. Ik was zenuwachtig en bang. Ik moest hem mijn hele levensverhaal vertellen. De man had amper twee uur tijd voor mij. Het is onmogelijk om in zo'n kort tijdsbestek je hele verwarde geschiedenis te vertellen. De meneer van DVZ ging heel gedetailleerd in op mijn leven. Hij vroeg naar bepaalde details waarvan ik me niets meer kon herinneren. Het was allemaal zo pijnlijk en veel te lang geleden. De man deed vooral moeilijk over precieze data, maar ik kon hem niet precies antwoorden. Hoe kon ik immers weten dat al die datums zo doorslaggevend zouden zijn voor mijn verdere toekomst? Had ik mijn ontvoerders misschien net voor mijn vlucht bij de rebellen eerst vriendelijk om een stempeltje moeten vragen? Er hing ook geen kalender in mijn cel in Monrovia. En in de vluchtelingenkampen in Guinee en Ivoorkust was ik ook niet bezig met het meten van de tijd. Een Afrikaan is sowieso minder met data, kalenders en agenda's bezig dan een Europeaan. Ik was me niet bewust van de tijd. Ik probeerde gewoon in leven te blijven. Heb ik daar verkeerd aan gedaan?

Nog dezelfde avond volgde de eerste beslissing. Ik kreeg een Bijlage 26bis. Dat is een negatieve beslissing.'

Solomana bladert in de stapel papieren die hij bij zich heeft. Het duurt even voor hij het juiste document gevonden heeft. Het document is in het Nederlands opgesteld. In de verantwoording van de negatieve beslissing valt mij op dat alle zinnen in de voorwaardelijke wijze zijn opgesteld:

BIJLAGE BIJ EEN BESLISSING TOT WEIGERING VAN VERBLIJF

Betreft: de persoon die verklaart te heten **Sesay Solomana**
Geboren te Sanikuli, op 12/10/1978
En van nationaliteit te zijn: Liberia

Toepassing van artikel 52 van de wet van 15 december 1980, gewijzigd bij de wet van 6 mei 1993 en 15 juli 1996:

Daar de aanvraag kennelijk ongegrond is omdat de vreemdeling geen gegeven aanbrengt dat er, wat hem betreft, ernstige aanwijzingen bestaan van een gegronde vrees voor vervolging in de zin van art. 1/A van het Internationaal Verdrag betreffende de status van vluchtelingen, ondertekend te Genève op 28 juli 1951;

De betrokkene verklaart dat hij een Madingo is. In 1996 zou de betrokkene meegenomen zijn door de rebellen om alle Madingo's aan te wijzen. Op een dag zou de betrokkene ontsnapt zijn en zou hij opgemerkt zijn door rebellen van Unimoh voor wie hij vervolgens zou hebben moeten werken.

Op 25 september 1998 zou de betrokkene tijdens een controle van de politie aangehouden zijn. In juni 1999 zou de betrokkene ontsnapt zijn. Van 10 juli 1999 tot 2001 zou de betrokkene in Guinee gewoond hebben. Daarna zou de betrokkene teruggekeerd zijn naar Liberia maar hij zou er opgepakt zijn door rebellen van LURD. Op 5 augustus 2002 zou de betrokkene ontsnapt zijn. Op 8 augustus 2002 zou de betrokkene Liberia verlaten hebben.
De betrokkene zou op een dag ontsnapt zijn aan de rebellen van NPFL maar hij blijft bijzonder vaag over de concrete manier waarin hij hier precies geslaagd zou zijn. De betrokkene zou op 25 september 1998 gearresteerd zijn tijdens een controle van de politie, maar hij blijft bijzonder vaag over de precieze omstandigheden waarin dit gebeurd zou zijn. Bovendien kan de betrokkene van deze arrestatie geen enkel concreet bewijs naar voren brengen. De betrokkene blijft eveneens bijzonder vaag over de periode van 25 september 1998 tot juni 1999 toen hij opgesloten gezeten zou hebben en hij blijft eveneens bijzonder vaag over de concrete manier waarop hij toen ontsnapt zou zijn. Een dergelijke vaagheid doet dan ook ernstige twijfels rijzen over de geloofwaardigheid van de verklaringen van de betrokkene over deze periode. Volgens de betrokkene zou hij aangehouden zijn door LURD en voor hen gewerkt hebben tot zijn ontsnapping op 5 augustus 2002, maar hierbij moet opgemerkt worden dat de betrokkene expliciet verklaart dat hij inkopen mocht doen op een markt en dat hij toen ook geld voor deze inkopen kreeg zodat niet gesteld kan worden dat de betrokkene als een gevangene beschouwd geweest zou zijn. De betrokkene blijft bovendien bijzonder vaag over de concrete omstandigheden van zijn ontsnapping op 5 augustus 2002. De betrokkene levert geen bewijs van een systematische en persoonlijke vervolging in de zin van de Conventie van Genève. Rekening houdende met deze elementen is de aanvraag onontvankelijk.

Brussel, 29/10/2003

Verbroedering

Solomana: 'Ik was heel ontdaan toen ik 's avonds in het asielcentrum van Westende terugkeerde. *Mister Bart* zei me dat ik de moed niet mocht laten zakken en dat ik hoopvol moest uitkijken naar het tweede gesprek. Mijn advocaat ging tegen de eerste negatieve beslissing bij het Commissariaat-Generaal voor de Vluchtelingen en de Staatlozen in beroep.

Enkele dagen later kreeg ik heel goed nieuws. *Mister Bart* was erin geslaagd mijn oudste broer te laten opsporen. Begin februari 2003 riep hij me op zijn bureau. Hij vertelde me dat mijn oudste broer in Brussel woonde en een positieve beslissing had gekregen. Ook slaagde hij erin het verblijfadres van Abubakar te achterhalen. *Mister Bart* schreef mijn broer een brief waarin hij hem dringend verzocht zo snel mogelijk contact met mij op te nemen. Enkele dagen later belde Abubakar me op. Dat was een ongelooflijk mooi moment. Ik was heel ontroerd. Abubakar en ik huilden van geluk. Nog dezelfde dag bezorgde mijn begeleider me een treinticket naar Brussel. Ik mocht drie dagen bij Abubakar thuis doorbrengen. Het was een geweldig emotioneel weerzien. We hebben urenlang gepraat, gelachen en gehuild. Het weerzien was fantastisch mooi en bijzonder pijnlijk tegelijkertijd. Abubakar was namelijk nog niet op de hoogte van de moord op onze ouders. Na mijn terugkeer in Westende heeft mijn begeleider een internationale zoekactie naar mijn jongste broer Yakoba opgestart. Het Rode Kruis is nog steeds naar hem op zoek in alle vluchtelingenkampen in Guinea en Ivoorkust. Tot op heden zonder resultaat. Ik hoop dat Yakuba die afgrijselijke periode in Liberia overleefd heeft, maar heel zeker ben ik niet.'

Tweede 'negatief'

Solomana: 'Op 24 maart 2003 werd ik voor de tweede keer ondervraagd, ditmaal op het Commissariaat-Generaal voor de Vluchtelingen en de Staatlozen (CGVS) in Brussel. Een jonge dame leidde het gesprek. Ik moest Madingo praten, mijn moedertaal. Alles wat ik vertelde werd door een tolk in het Engels omgezet. Het leek erop dat ik vooral moest bewijzen dat ik een echte Liberiaan was en wel degelijk tot het Madingo-volk behoorde. Het interview was heel intensief en duurde ruim vier uur. Drie dagen later viel het verdict: weer negatief. Het CGVS struikelde vooral over een aantal data die niet overeenkwamen met het verhaal van mijn oudste broer. Het gegeven dat we gedurende zes jaar van elkaar gescheiden waren en een ander leven leidden was blijkbaar niet relevant. De eindconclusie van het rapport vond ik bijzonder pijnlijk:

> Op basis van de elementen uit uw dossier, bevestig ik de beslissing van de gemachtigde van de minister van Binnenlandse zaken waarbij u het verblijf op het grondgebied werd geweigerd.
>
> Steunend op artikel 52 van de vreemdelingenwet meen ik dat uw asielaanvraag bedrieglijk is.

Ik meen bovendien dat u in de huidige omstandigheden mag worden teruggeleid naar de grens van het land dat u ontvlucht bent, en waar volgens uw verklaring, uw leven, uw fysieke integriteit of uw vrijheid in gevaar zou verkeren.

Behoudens een andere beslissing van de minister van Binnenlandse zaken of zijn gemachtigde dient u **binnen de 5 dag(en)**, ingaand op de datum van de kennisgeving van deze beslissing het grondgebied te verlaten (Koninklijk besluit van 19/05/1993: artikel 17, par. 2, al. 2).

Na de tweede negatieve beslissing tekende mijn advocaat beroep aan bij de Raad van State. Daardoor kon ik nog een tijdje in het centrum van Westende blijven.'

Illegaal in Brussel

Solomana: 'In mei 2003 heb ik zelf besloten het centrum te verlaten. In die periode kwamen op onverwachte tijdstippen politiemensen het centrum binnen om bewoners met een dubbele negatieve beslissing op te halen en meteen uit te wijzen. Bijna dagelijks werd iemand opgehaald. Dit zorgde voor grote onrust bij de andere uitgeprocedeerde asielzoekers. Ik kreeg de raad overdag niet in het asielcentrum te blijven rondhangen. Met enkele lotgenoten maakte ik wandelingen langs de kustlijn of in de duinen. Pas 's avonds laat durfden we naar het centrum terug te keren. Die onzekerheid kon ik niet meer aan. Daarom besloot ik bij mijn broer in Brussel te gaan wonen. Samen met een aantal andere Liberianen betrekken we twee kamers in een oud pand. Het is allesbehalve gemakkelijk. Mijn broer heeft geen werk en bijna geen geld. Ik heb helemaal niets. Overdag kom ik zo weinig mogelijk buiten. De angst om toevallig opgepakt te worden beheerst mijn leven. Ik ben heel bang om teruggestuurd te worden naar Liberia. Daar wacht mij zonder twijfel de dood. Mijn leven is er voortdurend in gevaar. Niet alle familieleden van de Madingo's die ik destijds moest aanwijzen, zullen even vergevensgezind zijn. Ik wil zo graag in België blijven. Ik wil naar school om een vak te leren. Ik wil werken en me nuttig maken in deze samenleving. Op dit ogenblik kan ik op geen enkele manier aansluiting vinden met de maatschappij. Het is mij verboden te werken of te studeren. Ik moet me voortdurend verstoppen. Als ik teruggestuurd word, ben ik niet alleen mijn veiligheid, maar ook mijn broer kwijt. Abubakar is mijn enige familielid. Alle anderen zijn vermoord. Ik vind het zo gruwelijk oneerlijk dat ik tijdens twee gesprekken enkel word beoordeeld op een aantal details die ik me met de beste wil van de wereld niet meer kan herinneren. De hoofdlijnen van mijn verhaal zijn al gecompliceerd genoeg.

Met de hulp van het Belgisch Comité voor Hulp aan Vluchtelingen (BCHV) ga ik de tweede negatieve beslissing proberen aan te vechten. Dat is het enige wat ik nog kan doen. In het licht van mijn levensgeschiedenis is dit misschien een haalbare kaart. Ik moet erin blijven geloven. Dat laatste greintje hoop houdt me nog overeind.'

Donderdag 24 juni 2004.
11.20
Ik ontvang volgende e-mail:

Geachte,

Wij verwijzen naar uw verzoek tot tussenkomst door het Hoog Commissariaat van de Verenigde Naties voor Vluchtelingen (UNHCR) betreffende de asielaanvraag van Solomana SESAY, geboren op 12 oktober 1978 te Sanniquellie, van Liberiaanse nationaliteit. Na onderzoek van zijn dossier, moeten wij u meedelen dat zijn asielaanvraag niet aan de criteria voldoet om een advies te kunnen verstrekken.

Kan u ons het adres van betrokkene bezorgen zodat wij hem persoonlijk kunnen informeren?

Hoogachtend,
Juridische Dienst

Suzanne

Normandië, 14 oktober 1914

Zijn we er bijna?
Papa antwoordt niet en kijkt nors voor zich uit.

We zijn al meer dan een week onderweg.
's Nachts slapen wij langs de kant van de weg in onze kar.
Vele anderen leggen zich neer in de berm.
Wij hebben onze kar nog.
Eén kar.
De andere hebben we net over de Franse grens moeten achterlaten.
En Max ook! Onze lieve, brave Max!
Allemaal de schuld van die kromme spijker
waar hij per ongeluk in trapte.
We hebben alleen onze kleren en een beetje eten overgeladen.
De rest kon er niet meer bij.
Papa moest Max doodmaken.
Hij kon niet meer lopen en had te veel pijn.
Ik heb heel erg moeten huilen.

Mijn zussen Amandine en Germaine zitten naast papa op de bok.
Wij zitten in de kar.
Mama geeft Rudolf de borst.
Julia, Irène en ik kruipen dicht tegen elkaar aan.
Dat is warmer.
Zoé moet van mama op de kleintjes letten.
Hugo, Margrietje en Maximiliaan luisteren niet goed naar haar.

Ik mis Geluwe.
En onze Omer.
Omer is soldaat in het leger.
Mijn grote broer is sterk.
Hij zal de Duitsers wel tegenhouden!
En dan kunnen we terug naar huis.

Fernande

Londen, 16 oktober 1914

Victoria Station.
Perron zeven.
Jeanneke ligt naast mij op een zachte grijze doek.
Die hebben we van een meneer gekregen.
Ze slaapt eindelijk.
Mevrouwen brengen ons eten.
De soep smaakt naar water
maar de koekjes zijn heel lekker!
Mama ziet er bleek uit.
Misschien is ze nog altijd een beetje zeeziek?
Op de ferry van Oostende naar Folkestone
moest ze vaak overgeven.
En in de trein naar Londen klaagde ze van buikpijn.

Papa is al enkele uren weg.
Wij moeten hier op hem wachten.
Hij is op zoek naar stempels en papieren.
Ik weet niet wat hij daarmee bedoelt.
Het moet nogal belangrijk zijn,
want papa en mama hebben het er voortdurend over.
Ze zijn al hun papieren in Antwerpen vergeten.
Ik vind het vooral erg
dat ze mijn Betty vergeten zijn.
Betty is mijn lievelingspop.
Zij wacht thuis op mij.
Ik ben er zeker van dat ze mij nu heel erg mist.

Mohsen Sekander Ali (portret Dieter Telemans)

DE FILOSOOF VAN AFGHANISTAN

Zondag 23 mei 2004

Mohsen Sekander Ali drukt me stevig de hand. Speciaal voor mij heeft hij al zijn Afghaanse vrienden uitgenodigd. De eenvoudige kamer die hij betrekt in een aftands woonblok in Mariakerke-Bad is te klein voor zo veel bezoek. Ik mag op het bed zitten. Ali en zijn vrienden nemen plaats op het tapijt. Sekander Ali biedt me nootjes aan. En vruchtensap. Ik moet ook blijven dineren. Gastvrijheid naar Afghaanse normen.

Het gesprek komt moeizaam op gang. Sekander Ali luistert aandachtig als ik hem de bedoeling van mijn bezoek probeer uit te leggen. Hij kijkt me lange tijd recht in de ogen. Dan schudt hij het hoofd.

'Jij kunt niet begrijpen wat ik heb meegemaakt,' zegt hij. 'Jij voelt immers niet wat ik voel.'

'Jij weet niets over mij,' antwoord ik.

'Mijn jongste broer is gedood door de moedjahedien,' zegt Ali Sekander.

'Mijn jongste broer heeft zelfmoord gepleegd,' zeg ik.

'Mijn moeder overleed toen ik zes jaar was,' vervolgt Sekander Ali.

'Mijn ma is vandaag precies zes weken dood,' zeg ik.

Sekander Ali kijkt me doordringend aan.

'Dan ken jij de pijn van het gemis.'

'Die pijn ken ik.'

'Jij bent mijn broer.'

'Mij goed.'

We spreken af dat ik in juli enkele dagen met mijn kersverse broer zal optrekken. Ik stel voor dat ik een hotelletje boek in de buurt van zijn studio.

'Geen sprake van,' protesteert Sekander Ali fel.

'Jij bent mijn gast. Jij krijgt mijn bed en ik slaap op de grond. We zijn toch broers, of niet soms?'

Ik beloof het.

Maandag 12 juli 2004

Oostende.

Ik neem een hotelkamer voor drie nachten.

De raad van Nadia Borremans indachtig lijkt het me beter wat afstand te houden.

Ik zeg Sekander Ali dat ik ruimte nodig heb. En dat ik een slechte slaper ben. Het laatste argument is overtuigend. Sekander Ali heeft ook last van slapeloosheid.

17u

Het is bewolkt en koud voor de tijd van het jaar. Er staat een sterke zeebries.

Sekander Ali kijkt seconden lang naar de lucht.

'Cloudy en windy,' fluistert hij. 'My favourite weather. I like Belgium so much.'

Lentekind

Mohsen Sekander Ali: 'Volgens de islamitische kalender ben ik geboren op 5 Ramadan 1360 in Ghazni, een middelgrote Afghaanse stad tussen Quandahar en Kabul. Ik weet niet wanneer ik jarig ben in de westerse tijdrekening. Sedert ik in België ben, wordt die vraag me voortdurend gesteld. Tijdens mijn eerste gesprek op de Dienst Vreemdelingenzaken was dit gegeven blijkbaar van cruciaal belang voor het vervolledigen van mijn dossier. Omdat ze bleven aandringen, heb ik 21 maart 1983 als geboortedatum opgegeven. Het leek me leuk om op de eerste dag van de lente jarig te zijn.

Mijn vader Nadir Ali Mohsen was een zakenman. Hij importeerde huishoudartikelen vanuit Iran. Mijn ouders kregen drie zonen: Mohammed Sadek, Mohammed Ali en ik, de jongste. Wij behoren tot de Hazara-familie, de oudste bevolkingsgroep van mijn land. De Hazara's leven al ruim drieduizend jaar in het oosten van Afghanistan. Ondanks onze traditionele en cultureel vooraanstaande afkomst worden de Hazara's al decennialang als tweederangsburgers behandeld. Een Hazara heeft nog steeds geen politieke rechten.'

Zonnetje

Mohsen Sekander Ali: 'Toen ik een klein jongetje was, had mijn vader een bloeiende zaak in Kabul. Mijn oudste broer Mohammed Sadek hielp hem in de bazaar. De jarenlange oorlog met de Russen was eindelijk voorbij. Nadat de Russen zich hadden teruggetrokken, begonnen de Afghanen onderling te bakkeleien. Tijdens de periode van de moedjahedien probeerde elke bevolkingsgroep zoveel mogelijk macht te verwerven over de anderen. Onder leiding van meedogenloze krijgsheren voerden gewapende milities onderling strijd. De oorlog en het dagelijkse geweld hebben mijn hele leven beïnvloed.

Papa deed goede zaken. Hij was een vooraanstaand vertegenwoordiger van de Hazara's. In de omgeving waar wij woonden was hij een man van aanzien. Tot mijn zesde leidden wij een min of meer gezegend leven. 's Ochtends ging ik naar school en 's namiddags speelde ik baseball of andere balspelen met mijn vrienden. 's Avonds hielp ik mama met huishoudelijke taken en na het avondmaal stortte ik me steevast op mijn oudste broer.

Letterlijk! Ik had een heel intense, warme band met Mohammed Sadek. Zodra hij van zijn werk kwam, begon ik hem te plagen. Ik kneep in zijn wangen en kietelde hem overal. Ik bracht mama en Mohammed Sadek vaak aan het lachen. Ze noemden mij hun zonnetje in huis. Over die gouden periode in mijn leven kan ik alleen nog droog en feitelijk vertellen. Ik herinner me het geluk, maar ik weiger het gevoel op te roepen. Dat is te pijnlijk en het helpt me geen stap vooruit. Diep in mij koester ik wel nog vage herinneringen aan die periode. Herinneringen die van alle gevoel ontdaan zijn. Herinneringen die levensnoodzakelijk zijn om mijn identiteit niet te verliezen.'

De dood van mama

Mohsen Sekander Ali: 'Ik was zes toen mijn moeder stierf. Mama overleed tijdens de bevalling van haar vierde kind. Het kindje was ook dood. Er waren geen dokters in de buurt om mama's leven en dat van mijn nieuwe broertje te redden. Voor het eerst in mijn leven voelde ik me helemaal alleen. Ik miste mijn mama verschrikkelijk. Ons levensritme werd voorgoed verstoord. Papa rouwde intens om het verlies van de vrouw die hij zo liefhad. Tegen de gebruiken in weigerde hij op zoek te gaan naar een andere echtgenote. In zijn ogen was mijn mama onvervangbaar. Hij had gelijk. Na mama's dood werden mijn broers en ik door mijn grootouders van moederskant opgevangen. Geleidelijk aan slaagde ik erin opnieuw vreugde in mijn leven toe te laten. De jaren gingen voorbij. Op mijn elfde trok ik met mijn broer Mohammed Ali vaak de bergen in. Samen jaagden we op vogels en op wilde herten. Mijn vrienden noemden me Chobzar. Dat is Woodboy in het Engels. Als geen ander kon ik vlijmscherpe punten aan takken of stokken snijden. Met onze scherpe wapens mikten we op zelfgemaakte doelen. In dit typisch Afghaanse spel was ik iedereen de baas.'

Lijfstraffen op school

Mohsen Sekander Ali: 'Naarmate ik ouder werd, ging ik steeds minder graag naar school. De "opvoedingsmethodes" in Afghaanse scholen zijn niet te vergelijken met de westerse manier van onderwijzen. Af en toe gebeurde het wel eens dat ik wegens ziekte een dag niet naar school ging. De leraar was heel streng en had nooit begrip voor gelijk welke vorm van schoolverzuim. Wie te laat kwam, afwezig was geweest of een boek had vergeten, mocht slaag verwachten.

Op een ochtend kreeg ik zonder een duidelijke reden zo'n flinke rammeling. De zes volgende dagen ben ik niet naar school geweest. Ik hing wat rond in de bergen en zorgde ervoor dat ik op het normale uur terug thuiskwam. Toen de leraar thuis zijn beklag kwam doen, nam papa me stevig onder handen. Toch bleef ik koppig volhouden. De gevolgen van mijn spijbelgedrag nam ik er graag bij. Papa's represailles stelden niets voor in vergelijking met de lijfstraffen op school. Uiteindelijk heeft papa erin berust. Ik moest niet meer naar school als ik bereid was me thuis door mijn oudere broers te laten onderwijzen. Ook het gegeven dat er in onze onmiddellijke omgeving steeds vaker werd gevochten heeft papa overtuigd. Zes maanden nadat ik met het onderwijs had gekapt, ging de school definitief dicht. Ik was net twaalf geworden.'

Fysiek levend, mentaal dood

Mohsen Sekander Ali: 'Jarenlang leidden we een heel geïsoleerd leven, verstoken van alle informatie. Televisie, kranten en radio waren strikt verboden. In mijn bed luisterde ik 's nachts naar de inslag van bommen en granaten en het geratel van machinegeweren. Ik was constant bang dat ons huis op een dag aan de beurt zou zijn. 's Morgens wisten we niet wie er op wie had geschoten. Pas dagen later vernamen we dat krijgsheer X het naburige dorp op krijgsheer Y had veroverd en dat er weer zeventien burgers in de strijd waren omgekomen. Het gevoel van permanente onzekerheid en de voortdurende angst voor het onvermijdelijke domineerden elke minuut van ons leven. In die periode dook iedereen bij iedereen onder. We verhuisden voortdurend van het ene naar het andere dorp. Onze lichamen leefden nog, maar mentaal waren we afgestompt en dood. De impact van de gevechten was bijzonder groot. De voortdurende angst om iemand in je onmiddellijke omgeving te verliezen vreet aan een mens. Na een tijdje leer je zelfs met dat gevoel van angst te leven. Ik begon me als een complete "loser" te gedragen. In een langdurende oorlogssituatie wordt elke vorm van positivisme en initiatief gefnuikt. Fatalisme neemt de bovenhand.'

De dood van een vriend

Mohsen Sekander Ali: 'Ik was veertien toen ik een kalasjnikov in mijn handen kreeg. De streek waarin ik woonde was omsingeld door gewapende Kochy's, een rivaliserende Afghaanse stam die het al jaren op de Hazara's had gemunt. De Kochy's stelden geen genoegen met het vermoorden van zoveel mogelijk Hazara's. Ze wilden ook onze hele geschiedenis, onze cultuur, onze naam en zelfs elk Hazara-teken letterlijk wissen. De fundamentalistische Kochy's zouden later wereldwijd bekend worden als de Taliban. Als jonge knaap in een steeds kleiner wordende belevingswereld kreeg ik de opdracht om het weinige dat in mijn ogen nog waarde had te beschermen: mijn familie, mijn afkomst, mijn naam, de essentie van mijn bestaan. Het was een verschrikkelijke periode. Ik zag moeders hun kind verliezen, vaders hun zoon, vrouwen hun man. Elke dag verloor ik iemand. Een vriend, de buren, een kennis, een neef, een oom... Deze situatie heeft drie jaar lang ononderbroken geduurd. Tientallen keren heb ik de dood voor ogen gezien en elke keer kwam ik er heelhuids vanaf.

Op een dag werd ik samen met drie vrienden in de bergen door een groep Kochy's omsingeld. We vochten de hele nacht zij aan zij tegen ongeveer twintig goed getrainde en zwaar bewapende strijders. We hebben de hele nacht standgehouden. De volgende ochtend trokken de Kochy's zich terug. Een van mijn vrienden is in de strijd gesneuveld. Hij is in mijn armen gestorven. Als bij wonder was ik ongedeerd. Ik heb vaak geluk gehad. Wellicht is *geluk* niet het meest geschikte woord. Ik kon mij moeilijk *gelukkig* voelen terwijl de mensen die ik liefhad uit mijn leven verdwenen.'

De dood van papa en grote broer

Mohsen Sekander Ali: 'Enkele maanden later werd papa ernstig ziek. Net na mijn achttiende verjaardag kwamen er enkele winkelbediences in paniek thuis vertellen dat mijn vader overleden was. Drie maanden na papa's begrafenis werd mijn oudste broer Mohammed Sadek samen met een toevallige klant in onze winkel geëxecuteerd. Mijn hele wereld, of wat daar nog van overbleef, stortte in. Ik had papa's dood amper verteerd toen ik mijn favoriete broer verloor. Dat was de zwartste dag in mijn leven. Mohammed Sadek was mijn vader, mijn moeder én mijn grote broer in één persoon.

Omdat de politieke situatie onhoudbaar was geworden, besloten mijn andere broer Mohammed Ali en ik te vluchten. De Taliban hadden bijna heel Afghanistan onder controle en het was onmogelijk een normaal, zorgeloos leven te leiden.'

Niet welkom in Iran

Mohsen Sekander Ali: 'Begin 1999 bracht een smokkelaar ons met een jeep, een auto en een bus naar Peshawar, een stad in Pakistan. Van daaruit trokken we meteen door naar Iran. Na een vermoeiende reis van ongeveer een maand bereikten we de Iraanse hoofdstad. In Teheran konden Mohammed Ali en ik bij familie van papa terecht. In Iran was de situatie niet veel beter dan in mijn thuisland. Het streng religieuze regime van de ayatollahs maakte jacht op Afghaanse vluchtelingen. Gevluchte Afghanen werden onverbiddelijk aan het Talibanregime uitgeleverd. Ook in Iran werden voornamelijk leden van mijn Hazara-gemeenschap geviseerd, omdat achthonderd jaar geleden een naaste medewerker van Djingiz Chan (een Hazara!) het Perzische volk onrecht zou hebben aangedaan. Voor een westerling klinkt dit waarschijnlijk totaal absurd of minstens onvoorstelbaar. Het is ook vreemd dat een oude fundamentele vete tot vernieuwd fundamentalisme kan leiden. Stel je voor dat elke in België verblijvende Deen of Noor zijn leven niet meer zeker is omdat duizend jaar geleden zijn betovergrootvader misschien wel een roofzuchtige Viking was. Een dergelijke enge redenering kun je alleen vanuit de Aziatische context benaderen en proberen te begrijpen. Historisch-culturele rechten bepalen in sommige Aziatische streken de hele samenleving.

In Iran voelde ik me opgesloten. Op straat durfden we ons niet te vertonen. Na acht maanden ondergedoken te hebben geleefd besloten Mohammed Ali en ik naar

Pakistan te trekken. Eind 1999 zijn we bij een broer van mijn moeder in de toenmalige hoofdstad Karachi gaan aankloppen. Mijn oom nam ons op in zijn gezin en gaf ons werk in zijn winkel.'

Gemoedsrust in Pakistan

Mohsen Sekander Ali: 'Ik ben ongeveer twee jaar in Pakistan gebleven. Die periode was een totale kentering in mijn leven. *I felt some drops of life on my death body.*

Mijn oom en zijn vrouw hebben ons heel goed opgevangen. Tante verwelkomde ons als haar eigen zonen. Achteraf bekeken was die lange rustpauze heel belangrijk voor mijn verdere ontwikkeling. Heel geleidelijk aan heb ik kunnen ontdekken dat het leven wel degelijk zin heeft en dat een mens altijd moet blijven hopen op betere tijden. Maar het was ook een bijzonder pijnlijke periode, omdat ik ineens veel tijd had om te rouwen en het verdriet tot in mijn diepste aders te voelen. Het verdriet dat ik al die maanden had opgekropt stroomde letterlijk in grote stromen uit mijn diepste binnenste. Elke nacht huilde ik mezelf in slaap. In Pakistan kwam ik tot het pijnlijke besef dat ik bijna alles onherroepelijk kwijt was.

Mijn tante heeft me opnieuw leren voelen. Haar liefde was tegelijkertijd helend en pijnlijk. Beetje bij beetje ervoer ik voor het eerst dat ik wel degelijk het recht had op een leven als volwaardig mens. Door alle tragische gebeurtenissen was mijn identiteitsgevoel immers zwaar aangetast. *The loser was winning himself.* Ik moest het verleden definitief kunnen plaatsen om de toekomst te kunnen grijpen. Door de zwarte wolken van het verleden was het bijzonder moeilijk om met het licht van de toekomst om te gaan. Maandenlang liep ik rond met zwarte gedachten. Ik heb vaak met de gedachte aan zelfmoord gespeeld, maar twee redenen weerhielden mij om die doodsgedachten in de praktijk om te zetten: de islam en de Hoop.

Mijn religie beschouwt zelfmoord als een laakbare daad. Een mens heeft niet het recht zelf te beslissen over het leven dat Allah hem geschonken heeft.

Daarnaast was ik de enige bron van Hoop in het leven van mijn broer Mohammed Ali, net zoals hij de Hoop vertegenwoordigde in mijn bestaan.

In Pakistan heb ik geleerd dat zelfmedelijden een mens geen stap verder brengt. Iemand die zich voortdurend zwak opstelt, tast zijn existentie aan. Dat is het ergst wat een mens kan overkomen. Je mag je leven niet vergooien door permanent aan een negatieve drang toe te geven. De ellende die je overkomt kun je niet ontwijken, maar wel bevechten. Daarom zijn de Hoop en mijn geloof in de goedheid van Allah de basisregels in mijn leven. Ik weiger te leven in het verleden. Ik tracht de tijd altijd een stapje voor te blijven, zodat ik hunkerend kan uitkijken naar de toekomst. Wie blijft omkijken wordt door zijn eigen verleden gewurgd. Tot dat besef ben ik in Pakistan gekomen.

Ik heb geen medelijden van andere mensen nodig. Elke vorm van medelijden drukt me met mijn neus in het verleden. En dat is het laatste wat ik wil.

Ik geloof ook niet meer in vriendschap. Ik heb te veel verloren door vrienden kwijt te raken. Ik kan voor anderen een goede vriend zijn, maar ik verwacht dat niet meer in dezelfde mate terug. Vrienden kunnen namelijk ineens vijanden worden. Ook dat heb ik ervaren. Maar nu loop ik op de feiten vooruit.'

Vals beschuldigd

Mohsen Sekander Ali: 'In Pakistan leerde ik enkele jongens kennen. We werden goede vrienden. Na het werk gingen we samen naar theatervoorstellingen, films, optredens en tentoonstellingen. Ook volgde ik een heel intensieve cursus Engels in een Amerikaans cultureel centrum. Een nieuwe wereld ging voor mij open. Ik las letterlijk alles wat ik in handen kreeg, zelfs medische en economische boeken. Ik raakte zodanig in de ban van de gevoeligheid van taal dat ik zelf gedichten begon te schrijven, maar na een tijdje leek het me beter ermee op te houden. De teksten die ik maakte katapulteerden me steeds terug naar mijn duistere verleden. Het verleden waarvan ik dringend los moest komen.

Het contrast tussen Afghanistan en Pakistan was immens. Vooral de ongebreidelde culturele vrijheid en de openheid van de samenleving werkten erg bevrijdend, zeker na de acht verstikkende maanden in Iran, dat in vele opzichten nog strikter was dan Afghanistan.

Op een avond vroegen mijn Pakistaanse vrienden of ik met hen mee naar de film wilde gaan. Omdat ik de dag nadien een examen Engels had, besloot ik thuis te blijven om te studeren. Die avond werd in Karachi de zoon van een rijke Pakistaan vermoord. Mijn vrienden werden door de politie ondervraagd. Ik weet niet of zij iets te maken hadden met de moord, maar zij werden in ieder geval als verdachten beschouwd. Om hun eigen vel te redden, hebben zij simpelweg de moord op die jongen in mijn schoenen geschoven. Ik wist nergens van. De volgende morgen vernam ik van een winkelbediende van mijn oom dat de politie naar mij op zoek was. Kun je mijn veranderde mening over *vriendschap* nu beter begrijpen?

Ten einde raad heb ik snel 1500 Pakistaanse roepia uit de winkelkassa genomen. Ik had geen tijd om afscheid te nemen, want mijn oom en tante waren op dat ogenblik niet thuis.

Twee weken eerder was mijn broer Mohammed Ali naar Afghanistan teruggekeerd. Opa had in een brief laten weten dat de situatie weer min of meer veilig was. Mohammed Ali besloot alleen te gaan om poolshoogte te nemen. Door de onverwachte omstandigheden in Pakistan zat er voor mij niets anders op dan onmiddellijk achter hem aan te reizen.'

Verboden boeken

Mohsen Sekander Ali: 'In Karachi nam ik de bus naar Quetta. Van daaruit reisde ik verder via Kandahar en Ghazni tot in Chilbaghtu, waar mijn grootouders woonden.

Het weerzien met mijn grootouders en mijn broer was hartverwarmend. Oma en opa waren met de grote schoonmaak bezig met het oog op het gearrangeerde huwelijk van Mohammed Ali en een meisje uit de buurt. Alle meubeltjes en alle huisraad hadden ze naar buiten gesleept. In Afghanistan wordt de grote schoonmaak heel letterlijk opgevat. Tot en met het kleinste hoekje van de woning wordt dan grondig onder handen genomen.

Oma was samen met enkele familieleden druk aan het poetsen. Ze straalde toen ze me zag aankomen. Ik keek ook erg uit naar het huwelijk van mijn broer. Eindelijk zou ik opnieuw een echte familie hebben! Ik droomde van een gelukkig leven en ik was in die mooie droom terechtgekomen. Jammer genoeg werd ik snel weer wakker geschud.'

Mohsen Sekander Ali krijgt het zichtbaar moeilijk. Zijn ogen worden vochtig. Wanneer hij merkt dat ik stop met noteren, draait hij beschaamd zijn hoofd weg. Hij wrijft door zijn ogen en gaat langzaam verder.

Mohsen Sekander Ali: 'Dromen zijn bedrog. Een zonnestraal die een zandkorrel verwarmt, verandert de zandkorrel niet. Als een wolk voor de zon schuift, is de zandkorrel terug een ordinaire zandkorrel. Zand blijft zand.

Tijdens de grote schoonmaak kregen we het onverwachte bezoek van een mullah. Dat is een hoge geestelijke in mijn land. Terwijl de mullah naar de reden van onze poetsdrift informeerde, snuffelde hij ongevraagd in oma's spullen die buiten op het terrein verspreid lagen. Toevallig viel zijn oog op enkele oudere boeken die nog van mijn overleden broer waren. Het waren Engelstalige essays over het christendom. Het bezit van dergelijke boeken was door de Taliban absoluut verboden.'

Mohsen Sekander Ali huilt. Eerst zachtjes, vervolgens steeds harder.

'Ik kan dit nu niet met je delen. Het is te pijnlijk voor mij. Laten we morgen verdergaan.'

Ik berg mijn notitieboek weg. Ali verontschuldigt zich en verlaat de kamer. Ik blijf alleen achter. Pas na een half uur komt Ali terug. Brede glimlach.

'Ik ga koken voor ons. Een lekker Afghaans gerecht. Gebakken kip met een kruidensaus. Traditioneel gekruid. Pikant of normaal?'

Ik neem het risico.

'Pikant.'

We luisteren naar Pakistaanse ballades en praten over alles behalve het verleden. Dat onderwerp is vanavond taboe. Ali belt enkele vrienden op. Hij loopt wel twintig keer naar het kleine keukentje dat hij met de vijf andere bewoners van de etage moet delen.

Het is half twaalf als ik naar mijn hotel vertrek.

De kip was lekker.

De saus ook.
Maar ik heb toch spijt van mijn roekeloze beslissing.
Te pikant voor mij.
Veel te pikant.
Net als Ali's leven.

Dinsdag 13 juli 2004

Ali en ik spreken om tien uur voor de nieuwe bibliotheek van Oostende af. We wandelen naar het strand. Ali doet zijn schoenen uit. Hij geniet van het contact van droge zandkorrels tussen zijn tenen.

'Ik ben verliefd op de zee. De zee maakt me rustig. Water en bergen zijn mijn meest geliefde biotopen. In de Afghaanse bergen kon ik helemaal tot rust komen. De Noordzee heeft dezelfde uitwerking op mij.'

De zon breekt door de bewolking. Het wordt een mooie dag. We volgen de zeelijn tot aan de eerste grote pier. Op het Weststaketsel is het op dit uur van de dag nog betrekkelijk rustig. Vissers werpen hun lijnen uit. Enkele wandelaars slenteren over de pier.

Ali wijst naar een bank.

'Daar gaan we zitten. Het vervolg van mijn verhaal wil ik aan de zee vertellen. Jij mag luisteren en schrijven. Ik voel me sterk vandaag. Sterker dan gisteren. En als ik toch zou huilen, zullen de golven mijn tranen opnemen.'

Gearresteerd door de Taliban

Mohsen Sekander Ali: 'De mullah maakte een venijnige opmerking over de heidense boeken en diende meteen klacht in bij de plaatselijke commandant van de Taliban. Enkele uren later werden opa en ik door drie gewapende mannen opgepakt. De verboden boeken werden "als bewijsmateriaal van ons heidense gedrag" meegenomen. Twee uur later werd ook mijn broer in zijn winkel gearresteerd. In het kantoor van de commandant werden we uitgescholden. Opa en ik kregen stokslagen. Daarna werden alle inwoners van Chilbaghtu verplicht om naar de "smerige" boeken te komen kijken. Later op de avond kwam de oudste broer van mijn vader tegen ons getuigen. Hij beweerde dat wij fervente christenen waren die anderen probeerden te bekeren. Dat was klinkklare onzin, maar zijn verraderlijke woorden deden ons wel de das om. Eerst begreep ik niet waarom hij zoiets deed, maar later werd het mij volkomen duidelijk. Door ons doodvonnis te tekenen, kon hij achteraf zonder problemen beslag leggen op de grond, de winkel, het huis van mijn grootouders en al onze bezittingen. Hij handelde uit puur opportunisme.

Een deel van de buurtbewoners sprak de versie van mijn oom met klem tegen. Ze getuigden dat wij sedert jaren voorbeeldige en gelovige moslims waren.

In afwachting van zijn beslissing liet de commandant mijn broer en ik naar huis terugkeren. Mijn grootvader moest als onderpand op het kantoor achterblijven. Omstreeks middernacht werd ook hij vrijgelaten. Hij was doodsbang. Hij vertelde dat de mullah en de commandant hadden beslist dat ze ons publiekelijk zouden laten stenigen. Onder druk van trouwe kennissen en buren konden ze voorlopig niet anders dan opa tijdelijk te laten gaan.

De volgende ochtend werden mijn grootouders, mijn broer en ik door tien Talibankrijgers opgepakt. Urenlang werden we vernederd en beschuldigd. 's Avonds werd ons het definitieve vonnis van de Religieuze Raad meegedeeld. We werden onder huisarrest geplaatst en zouden nauwlettend in de gaten worden gehouden. Onder geen enkel beding mochten we de buurt verlaten.'

In boerka naar Pakistan

Mohsen Sekander Ali: 'De hele dag durfden we ons niet buiten te wagen. Het huis van mijn grootouders werd permanent bewaakt door soldaten van de Taliban. Midden in de nacht smeten de bewakers twee handgranaten naar binnen. Onmiddellijk daarna werd ons huis van alle kanten door kalasjnikovs onder vuur genomen. Ik hoorde oma en mijn broer in de voorste kamer van het huis schreeuwen. *Opa omhelsde me en zei dat ik mijn leven moest redden. Voor ons is het te laat,* zei hij. *Jij bent onze laatste hoop en onze toekomst. In jou en in je kinderen zullen wij blijven voortleven. Altijd.*

Hij duwde me in de smalle gang die naar de stal van de geiten en de schapen leidde. Van de stal sloop ik naar een nabijgelegen kanaaltje. Aangezien het de voorbije vijf jaren nauwelijks had geregend, stond het kanaal droog. Toen ik het kanaal bereikte, heb ik twee uur lang gerend tot ik het dorpje Sangi Masha bereikte. Daar klopte ik bij een verre neef aan. Eerst wou de man me niet helpen. Hij was bang voor represailles van de Taliban. Hij zei dat ik weg moest gaan. Omdat ik bleef smeken, liet hij me toch binnen. Nog dezelfde nacht smokkelde hij me de grens met Pakistan over. Om de Afghaanse grenswachters te misleiden deed ik een boerka van zijn vrouw aan. De volgende dag kwam ik in de stad Quetta aan. Dat was ergens in september 2001, enkele dagen voor de aanslagen in New York.'

Via Pakistan en Iran naar Turkije

Mohsen Sekander Ali: 'In Quetta telefoneerde ik naar mijn oom in Karachi. Drie dagen bleef ik op nieuws wachten. Ik was totaal van de kaart. Ik wist niet eens meer of het dag of nacht was. Ik had geen gevoel meer. Ik was een menselijk lichaam zonder ziel. Mijn oom stuurde me wat geld om op eigen kracht naar Iran te vluchten. Hij beloofde te informeren naar het lot van mijn broer en mijn grootouders. Ik vreesde het ergste, maar diep in mij bleef ik hopen op een goede afloop. Misschien hadden zij de raid op ons huis overleefd.

Zodra ik het geld had, reisde ik door naar Teheran, waar ik drie weken bij familie verbleef. Daar vernam ik telefonisch van mijn oom in Karachi dat mijn grootouders en mijn broer nog leefden. Volgens hem waren ze kunnen ontkomen aan de wraak van de Taliban en ondergedoken in een klein en veilig gehucht.

Gerustgesteld reisde ik door naar Turkije. Na twintig vermoeiende dagen in bussen en vrachtwagens kwam ik in Istanbul aan. Een deel van de zware tocht heb ik te voet afgelegd. Vooral de vijftig uren door het hooggebergte in Koerdistan waren uitputtend. Ik had eten noch drinken en het was bitter koud in de bergen. Soms liep ik tot aan mijn buik door de sneeuw. Ik weet niet hoe ik het allemaal heb overleefd. Waarschijnlijk was mijn levensdrang uitzonderlijk groot.

In Istanbul nam ik opnieuw contact op met mijn oom in Pakistan. Hij stelde me nogmaals gerust en raadde me aan zo snel mogelijk naar Denemarken te migreren, waar een familielid me zou kunnen opvangen. Hij zocht contact op met een mensensmokkelaar en regelde de kosten van mijn begeleide overtocht.

Drie keer heb ik tevergeefs geprobeerd Griekenland te bereiken. Na elke mislukte poging werd ik voor enkele weken als illegale persoon in een Turkse gevangenis opgesloten. Op die manier probeerden de Turkse autoriteiten ons te ontmoedigen. Maar ik was vastbesloten mijn doel te bereiken. Ik had immers niets meer te verliezen.'

Naar Griekenland en Italië

Mohsen Sekander Ali: 'Eind november 2001 besloot ik de overtocht naar Griekenland zonder hulp van anderen te ondernemen. Met drie andere illegale Afghaanse jongens stak ik op een nacht met een opblaasbaar rubberbootje de Bosporus over. We waren ons bewust van het enorme risico dat we namen. Duizenden vluchtelingen voor ons hadden een soortgelijke poging niet overleefd. Rond zes uur 's morgens bereikten we de Griekse kust. Verschillende keren werden we door de sterke laserstralen van de Griekse kustwacht beschenen. Ik begrijp nog steeds niet waarom ze ons toen niet hebben opgepakt. Misschien hadden ze ons niet opgemerkt. Misschien vonden ze de vangst niet groot genoeg. Wat betekenden vier bange Afghaantjes in een zee van vluchtelingen?

We strandden in een klein dorp aan de Griekse kust. Ik voelde me intens gelukkig en letterlijk vrij. Ik heb staan springen en dansen als een klein kind. Maar de spontane vreugde was van heel korte duur. Een half uur na onze ontscheping werden we door de Griekse politie opgepakt en meteen in de gevangenis van Athene opgesloten. Daar zaten honderden gestrande vluchtelingen. Na drie weken opsluiting werden we vrijgelaten. Mijn vrienden en ik kregen zelfs een tijdelijke verblijfsvergunning van vijftien dagen.'

Met de truck naar Italië

Mohsen Sekander Ali: 'Na onze vrijlating uit de gevangenis gingen we meteen op zoek naar een manier om zo snel mogelijk Griekenland te verlaten. Na enkele dagen ronddolen in de stad, kozen we een vrachtwagen waarvan we vermoedden dat hij naar Italië of Frankrijk zou rijden. Mijn vrienden en ik verstopten ons elk aan een kant op de assen tussen de zijwielen. Daar was nauwelijks ruimte om comfortabel te zitten, maar na enige oefening vonden we de houding om deze ongemakkelijke pose zo lang mogelijk vol te houden. Een half uur nadat we ons geïnstalleerd hadden, vertrok de truck. Ik moest me stevig vasthouden om mijn evenwicht niet te verliezen. Eerst reed de vrachtwagen naar Piraeus, de haven van Athene. Het gevaarte reed op een schip. Achttien uur later raasde de truck over een Italiaanse autosnelweg. Na uren rijden, hield de chauffeur eindelijk een tussenstop op een parkeerterrein in de omgeving van Milaan. We slaagden erin onze schuilplaatsen ongezien te verlaten. Hier besloten we ieder onze eigen weg te gaan. Alleen zouden we immers meer kans maken om ons doel te bereiken.

Ik had last van krampen en kon me nauwelijks bewegen. Ik duizelde en voelde me misselijk. Ook had ik ongelooflijk veel honger en dorst. Niet verwonderlijk, want ik had meer dan een dag en een nacht niets meer gegeten of gedronken. Ik had nog precies één briefje van twintig US-dollar op zak. Daarmee kocht ik een broodje, een blikje cornedbeef en twee flessen water. Een fles dronk ik in een keer leeg. Ik was helemaal uitgedroogd. De andere fles bewaarde ik voor het vervolg van de reis.'

Oudejaarsavond 2001

Mohsen Sekander Ali: 'De volgende ochtend verstopte ik me op de internationale trein van Milaan naar Parijs. Aan de grens met Frankrijk werd ik ontdekt door de Italiaanse carabinieri. Een politieman vroeg naar mijn identiteitsbewijs en mijn reisticket. Dat had ik natuurlijk niet. De man was heel vriendelijk. Hij liet me gaan omdat het oudejaarsavond was en hij zijn laatste werkdag van 2001 niet wilde verpesten. Hij zette me uit de trein, maar liet me verder ongemoeid.

Ineens realiseerde ik me dat ik me al in dagen niet meer had gewassen. Ik stonk verschrikkelijk en mijn kleren waren smerig. Ik sprak enkele vluchtelingen aan die ik toevallig ontmoette. Ik overtuigde hen dat ik de weg naar Frankrijk kende en dat ik hen zou helpen als ze me een beetje geld konden lenen om andere kleren te kopen. Ik schrok van mezelf. Strikt genomen stelde ik me op dat ogenblik als een mensensmokkelaar op! Met dat geld kocht ik een goedkoop trainingspak en een flesje eau de cologne. De helft van het flesje sprenkelde ik over me heen. Mijn geldschieters kregen dezelfde behandeling. Het effect was verbluffend. We stonken niet meer naar zweet, maar naar zoete parfum. Van op twee meter afstand kon men ons ruiken! Ik vermoed dat ik een tamelijk goede indruk maakte voor iemand die al twee weken geen water meer had gezien.'

Nieuwjaar in een Parijs ziekenhuis

Mohsen Sekander Ali: 'Op nieuwjaarsnacht slaagden we er zonder problemen in op de volgende nachttrein te geraken. De trein zat afgeladen vol. Vele reizigers moesten noodgedwongen staan in de smalle gangen. Dat was ons geluk. De trein werd niet gecontroleerd omdat er zoveel reizigers waren die in Parijs nieuwjaar gingen vieren. Ook werd er overal druk geld gewisseld. Mensen kochten drankjes met Italiaanse lires en kregen euro's als wisselgeld terug. De algemene verbazing en opwinding om de gloednieuwe Europese munt vond ik wel grappig.

Op 1 januari 2002 kwam ik in Parijs aan. Ik was bang om opgepakt te worden en ik voelde me helemaal verloren. In het treinstation belde ik met mijn oom in Pakistan. Toen hij hoorde dat ik veilig in Parijs was aangekomen, vond hij dat het tijd was om me de waarheid te vertellen. Hij zei me dat mijn grootouders en mijn broer door de Taliban waren vermoord. Ik weigerde hem te geloven. De emotionele shock en alles wat ik de laatste maanden had doorstaan werden ineens te veel. Ik begon te huilen. Eerst zachtjes, daarna steeds luider. Daardoor trok ik de aandacht van twee Franse politiemannen. Ze luisterden naar mijn verhaal en namen me mee naar een politiecel in Parijs. Daar verloor ik het bewustzijn. Twee dagen later werd ik wakker in een ziekenhuis. Ik ben ongeveer een maand in het ziekenhuis gebleven. Ik was graatmager en emotioneel een wrak. Toen ik me krachtig genoeg voelde, ben ik er weggelopen.'

Engeland, Denemarken of België?

Mohsen Sekander Ali: 'In het *Gare du Nord* nam ik de eerste trein met bestemming Sangatte, een havenstadje aan de Normandische kust. Daar vernam ik dat er op dat ogenblik bijna tweeduizend vluchtelingen in heel slechte omstandigheden leefden. Allemaal hadden ze slechts een doel voor ogen: zo snel mogelijk Engeland bereiken. Toen realiseerde ik me dat dit een utopie was.

Ik belde opnieuw naar mijn oom in Karachi. Hij gaf me het adres van een Pakistaanse kennis die in de buurt woonde. Die man kocht nieuwe kleren voor mij en gaf zevenhonderd Amerikaanse dollars die mijn oom hem had toegestuurd. Ik ben maar tien dagen bij hem gebleven, want ik wilde op eigen benen staan en zo snel mogelijk Denemarken bereiken, het einddoel van mijn vlucht. Maar via de kranten vernam ik dat ook dit geen goede optie meer was. De veranderde internationale politiek speelde niet in mijn kaart. De teneur in de westerse kranten was duidelijk genoeg: de Amerikanen hadden het Talibanregime definitief 'overwonnen' waardoor het land opnieuw als 'veilig' mocht worden beschouwd.

Dat was het perfecte voorwendsel voor de meeste Europese landen om zich zo snel mogelijk van alle Afghaanse vluchtelingen op hun grondgebied te ontdoen. Ik wist wel beter. Het was niet veilig in Afghanistan. Toen niet en nu nog steeds niet.

Toevallig vernam ik dat er drie Europese landen een mildere houding ten aanzien van de Afghaanse vluchtelingen aannamen: Zwitserland, Noorwegen en België.

Op 13 februari 2002 stapte ik in Parijs op de trein en arriveerde een paar uur later in het Brusselse Noordstation. De volgende dag werd ik door een vriendelijke man geholpen. Hij wees me de weg naar de Dienst Vreemdelingenzaken.'

Het asielcentrum van Florennes

Mohsen Sekander Ali: 'Na het nemen van een foto en mijn vingerafdrukken moest ik mijn beurt afwachten in een grote zaal. Een andere nieuwkomer gaf me de raad me jonger voor te doen dan ik was. Als minderjarige maakte ik volgens hem meer kans om in België te kunnen blijven. Tijdens het eerste administratieve gesprek met de ambtenaar van DVZ verklaarde ik dat ik zeventien jaar was. Mijn gegevens werden genoteerd en ik werd aan het asielcentrum van Florennes nabij Charleroi toegewezen. Men gaf me een trein- en een tramticket en nog dezelfde avond kwam ik in Florennes aan. Ik heb daar precies een maand verbleven. Op 13 maart 2002 werd ik naar het open asielcentrum *Zon en Zee* in Westende overgeplaatst. De volgende weken werd ik maar liefst elf keer op DVZ ontboden voor een gesprek, maar het interview werd steeds verplaatst naar een latere datum.'

Negatief

Mohsen Sekander Ali: 'Op 28 maart 2002 was ik eindelijk aan de beurt. Het gesprek heeft nauwelijks twee uur geduurd. In die korte tijd moest ik mijn ingewikkelde levensverhaal kwijt. Dat was een onmogelijke opdracht. Drie cruciale vragen domineerden het interview: *Hoe heet je? Waar kom je vandaan? Wat is je probleem?*

Ik maakte de dame die het interview leidde duidelijk dat ik veel meer tijd nodig had. Zij wees naar de deur die op de volle wachtzaal uitkwam en zei dat er geen tijd was. Ze beloofde me dat ik tijdens het volgende gesprek meer tijd zou krijgen. Het resultaat van mijn eerste interview was negatief. Ik was heel erg ontgoocheld en gefrustreerd, vooral omdat ik zeker wist dat de dame van DVZ mijn situatie volstrekt niet aanvoelde. Tegelijk besefte ik dat ik helemaal aan de goede wil van de Belgische overheid was overgeleverd. Tenslotte was ik voor hen de zoveelste anonieme kleine asielzoeker die in dit land wou blijven.'

De rollen omgekeerd

Mohsen Sekander Ali: 'Twee weken later werd ik opgeroepen voor het tweede interview. Anderhalf uur lang kreeg ik dezelfde oppervlakkige vraagjes over mijn geboortestreek over me heen. Daarna maakte de dame me duidelijk dat het gesprek was afgelopen en dat er geen nieuwe positieve elementen aan mijn dossier konden worden toegevoegd. Volgens haar was het ontbreken van papieren het grootste probleem. Ik antwoordde haar dat ik wegens de gruwelijke omstandigheden geen tijd had om mijn Afghaanse identiteitskaart mee te nemen. Toen de dame haar mapje met notities dichtklapte, voelde ik de woede in mij opkomen. Ik werd boos. Heel boos. Ik zei haar dat ik niet toestond dat het gesprek afgelopen was. De dame schrok van mijn reactie en liet me uitrazen. Minutenlang. Ik riep dat zij zich het leven in de Afghaanse streek, waarvan ze zich alle onbelangrijke geografische details zo goed had ingeprent, niet eens kon voorstellen. Ik informeerde naar haar diploma's. De vrouw zei dat ze Rechten had gestudeerd. Ik feliciteerde haar met haar universitaire diploma. Zij mocht dan een *Master in de Rechten* zijn, maar ik was een *Master in Mijn Afghaanse Leven*. Dat argument maakte blijkbaar indruk. De vrouw trok bleek weg en durfde me niet meer aan te kijken. Vervolgens vuurde ik ongeveer dertig absurde geografische vragen op haar af. Zij kon er geen enkele van beantwoorden. Toen vond ik het welletjes en gaf ik het woord weer aan haar. Ik vroeg haar om een echt gesprek met mij te voeren. Zij mocht me echte vragen stellen. De juiste vragen die mijn levensverhaal in een juist perspectief konden plaatsen. En dat deed ze. Het tweede interview heeft bijna negen uur geduurd! Ik vermoed dat niemand ooit zoveel tijd gekregen heeft als ik.'

Zestien maanden wachten

Mohsen Sekander Ali: 'In Westende verdeed ik mijn tijd met wachten. Wachten op de beslissing van DVZ. Wachten op het middagmaal. Wachten tot het tijd was om te gaan slapen. Wachten om op te staan. Wachten op ... niets. De onzekerheid en de ledigheid wogen heel zwaar. Een asielzoeker heeft niet het recht om te werken of iets nuttigs te doen. De overheid geeft je alleen voedsel en een slaapplaats. Bij momenten werd ik gek van verveling. De eerste maanden dronk ik veel en nam ik almaar sterkere slaappillen. Als je slaapt gaat de tijd sneller voorbij. Ook schreef ik een brief aan het Hoog Commissariaat voor de Vluchtelingen met de vraag om mij zo snel mogelijk op de hoogte te brengen van de uiteindelijke beslissing over mijn toekomst. Ik was bang mezelf te verliezen en moest dringend weer greep op mijn leven zien te krijgen. Ik heb nooit een antwoord op mijn brief gekregen.

Na tien deprimerende maanden van verveling in "de wachtkamer van het vrije Westen", realiseerde ik me dat ik verkeerd bezig was. Ik kapte met de alcohol en bouwde mijn pillenverslaving langzaam af. Drank en medicijnen konden me tijdelijk in een roes van vergetelheid brengen, maar waren geen oplossing voor mijn situatie. Zodra de roes uitgewerkt is, ben je immers onvermijdelijk op je ellendige zelf aangewezen. Ik besloot mijn tijd nuttig te gebruiken en concentreerde me op de noden van mijn medebewoners in het asielcentrum.

Ik luisterde naar de ontreddering van anderen en trad op als hun tolk. Door hen te helpen hielp ik ook mezelf. Op die manier kweekte ik mezelf opnieuw een gevoel van eigenwaarde aan. Meer dan zestig ingewikkelde levensverhalen heb ik tot in de diepste details uitgeschreven. Voorts vertaalde ik de officiële brieven die mijn lotgenoten kregen en meestal niet begrepen en ook fungeerde ik als tolk bij de gesprekken met hun advocaten. In die periode gaf ik zelfs interviews voor diverse internationale televisiezenders. Mijn verhaal kwam op de BBC en haalde naast de meeste Belgische omroepen ook een Australische, een Duitse en een Nederlandse zender. Beetje bij beetje vond ik de verloren gewaande krachten in mezelf terug.'

Erkend vluchteling

Mohsen Sekander Ali: 'Na zestien maanden wachten kreeg ik eindelijk nieuws. Goed nieuws! Op 8 juli 2003 kwam enkele begeleiders van het asielcentrum me heel vroeg wekken. Ze waren bijzonder uitgelaten. Ze vertelden me dat ik een *positief* had gekregen. Aanvankelijk weigerde ik hen te geloven. Ik dacht dat ze een flauwe grap met me uithaalden. Pas nadat ik de officiële bevestiging op papier zag, werd ik heel warm van binnen. Ik begon rondjes te dansen en wist met mijn vreugde geen blijf. Nog dezelfde avond werd mijn positief nieuws met een feestje in het asielcentrum gevierd. Iedereen was heel blij voor mij. Enkele weken later werd de voorlopige positieve beslissing door het CGVS bevestigd. Vanaf dat ogenblik was ik een erkend politiek vluchteling met het recht op bijstand van het OCMW en verbleef ik wettig op het Belgische grondgebied. Ik had eindelijk de zekerheid dat ik niet meer onverwacht naar Afghanistan zou worden uitgewezen. Door de officiële erkenning had ik nieuwe toekomstperspectieven. Ik heb me meteen op de studie van de Nederlandse taal gestort. Vijf dagen per week volgde ik Nederlandse les. Ik begrijp de taal steeds beter, maar vind het moeilijk om ze correct te spreken. Ik zou veel meer moeten oefenen. Dat is voor binnenkort als ik werk heb gevonden. Een bijkomend probleem is het soort Vlaams dat de Belgen in Oostende spreken. Dat lijkt niet eens op het Nederlands dat ik op school leerde. West-Vlaams vind ik een heel moeilijk dialect.'

Ik ben geen leegloper. Ik ben Ali!

Mohsen Sekander Ali: 'Nadat ik mijn witte verblijfskaart had gekregen, heb ik het asielcentrum verlaten. Ik woon nu in Mariakerke-Bad. Met mijn begeleidster van het OCMW heb ik een heel goede band. Ik krijg het minimum leefloon uitgekeerd en ben momenteel op zoek naar een baan. Ik ben het OCMW dankbaar, maar ik vind dat ik niet te lang van hen afhankelijk mag zijn. Net als de meeste Belgen wil ik werken voor mijn eigen toekomst.

Een maand geleden heb ik een tijdje in een restaurant aan de kust gewerkt. De eigenaar beloofde me elke dag opnieuw dat ik de volgende dag een vast contract zou krijgen. Dat waren leugens, want ik werd zelfs niet eens betaald. Na twee weken was ik het zat. Ik heb me heel boos gemaakt. Ik maakte hem duidelijk dat ik niet in het zwart wilde blijven werken en dat hij me meteen moest uitbetalen. Eerst weigerde hij. Hij dacht dat ik hier illegaal verbleef en dat hij dus met mij kon doen wat hij wilde. Toen ik hem mijn witte kaart liet zien en ermee dreigde klacht in te dienen bij de politie, bond hij in.

Ik ben nu dus op zoek naar ander werk. Echt werk. Ik wil eindelijk als een werkende geregistreerd en dus ook gerespecteerd worden. Ik wil officieel betaald worden en zoals iedereen in dit land belastingen betalen. Ik ben geen profiteur of een leeglopen. Ik ben Ali! Mohsen Sekander Ali! Mét papieren en mét een toekomst!'

De hoop van alle Hazara's

Mohsen Sekander Ali: 'Ik ben geen bitter mens. De gevoelens van de meeste mensen met wie ik omga, kan ik vrij goed aanvoelen. Ik kijk met een open vizier naar de wereld. Ik ben islamiet, maar in de eerste plaats ben ik een overtuigd aanhanger van de enige echte internationale religie: de wereldgodsdienst van de Menselijkheid. Elke vorm van fundamentalisme wijs ik resoluut af. Niemand heeft recht op het Grote Gelijk. Menselijkheid en realisme zijn de beste troeven om je in deze ingewikkelde wereld te handhaven. Ik ben geen overlever meer. Ik leef nu ten volle, al moet ik erkennen dat ik nog steeds met diepe wraakgevoelens rondloop. Mijn hele familie is me ontnomen. Dat kan ik nooit vergeven. Tegelijkertijd besef ik dat ik mijn wraakgevoelens nooit in de praktijk zal omzetten. De wraak is mijn drijfveer om door te gaan. Als de laatste vertegenwoordiger van mijn Hazara-familie sleur ik een bloedige erfenis mee. Ik ben het enige sprankje hoop voor mijn vermoorde familieleden. In mij zullen ze allemaal blijven voortleven: mama, papa, Mohammed Sadek, Mohammed Ali en mijn lieve grootouders. Het is een zware verantwoordelijkheid, maar ik ben er helemaal klaar voor. Met de jaren ben ik erin geslaagd mijn zwakheden tot een krachtig, vlammend zwaard om te buigen. In die zin voel ik mij onoverwinnelijk. Mentaal vecht ik tegen elke vorm van egoïsme. Dat is de grootste vijand van de menselijkheid. Egoïsme vernietigt niet alleen het leven van anderen, maar op termijn ook dat van jezelf. Door jezelf te negeren en je te richten tot anderen, wordt je ware persoon in al zijn menselijkheid blootgelegd. Dat noem ik echoïsme. De menselijkheid die je in anderen investeert, keert als een warme echo naar jou terug. In echoïsme kun je de schoonheid van het leven in al zijn aspecten terugvinden. Het leven zoals het werkelijk is. Het leven zoals het zou moeten zijn.'

's Avonds neem ik Ali mee naar een pitazaak in Middelkerke. We rijden langs het militair domein van Lombardsijde.

'Toen ik nog in Westende woonde, kwam ik hier 's ochtends vaak met een groepje bewoners van het opvangcentrum langs het strand joggen. Soms hielden de soldaten schietoefeningen. In het begin schrokken we zo hard dat we instinctief op de grond doken en de handen beschermend op ons hoofd legden. Voor de asielzoekers die uit een oorlogsland waren gevlucht, hadden die vreselijke geluiden een bittere nasmaak.'

Rechts van ons zien we kilometers duinen en een rustige Noordzee. Links passeren we betonnen bunkers en tanks. De vuurmonden wijzen dreigend naar de zee. De laatste restanten van de Duitse Atlantik-Wall. Stille getuigen van de Tweede Wereldoorlog die vijftig jaar geleden ons land in vuur en vlam zetten.

'Miljoenen doden en vluchtelingen,' mijmert Ali. 'Die oorlog moet verschrikkelijk wreed zijn geweest.'

'Ja,' zeg ik.

Ik durf hem niet te zeggen dat de meeste Belgen de rampzalige gevolgen van de oorlog allang vergeten zijn.

Het is na middernacht als we afscheid nemen. Ali drukt me stevig de hand.

'Thank you so much,' zegt hij. 'It was a great pleasure to meet you.'

Ik wil hem zeggen dat ik erg onder de indruk ben van zijn levenswijsheid. Dat ik mentaal maar half zo sterk ben, terwijl ik bijna dubbel zo oud ben. Maar ik zeg het niet. Ali zou dit waarschijnlijk opnemen als een vorm van medelijden. En aan medelijden heeft hij de pest.

Ik beloof dat ik bij hem langskom als ik toevallig in de buurt ben. Hij glimlacht en steekt zijn hand op. Dan draait hij zich om en loopt weg. Zonder eenmaal om te kijken. Ali is heel goed geworden in afscheid nemen.

ETAPPES VAN DE ASIELPROCEDURE

Nick Hannes

Niet roken

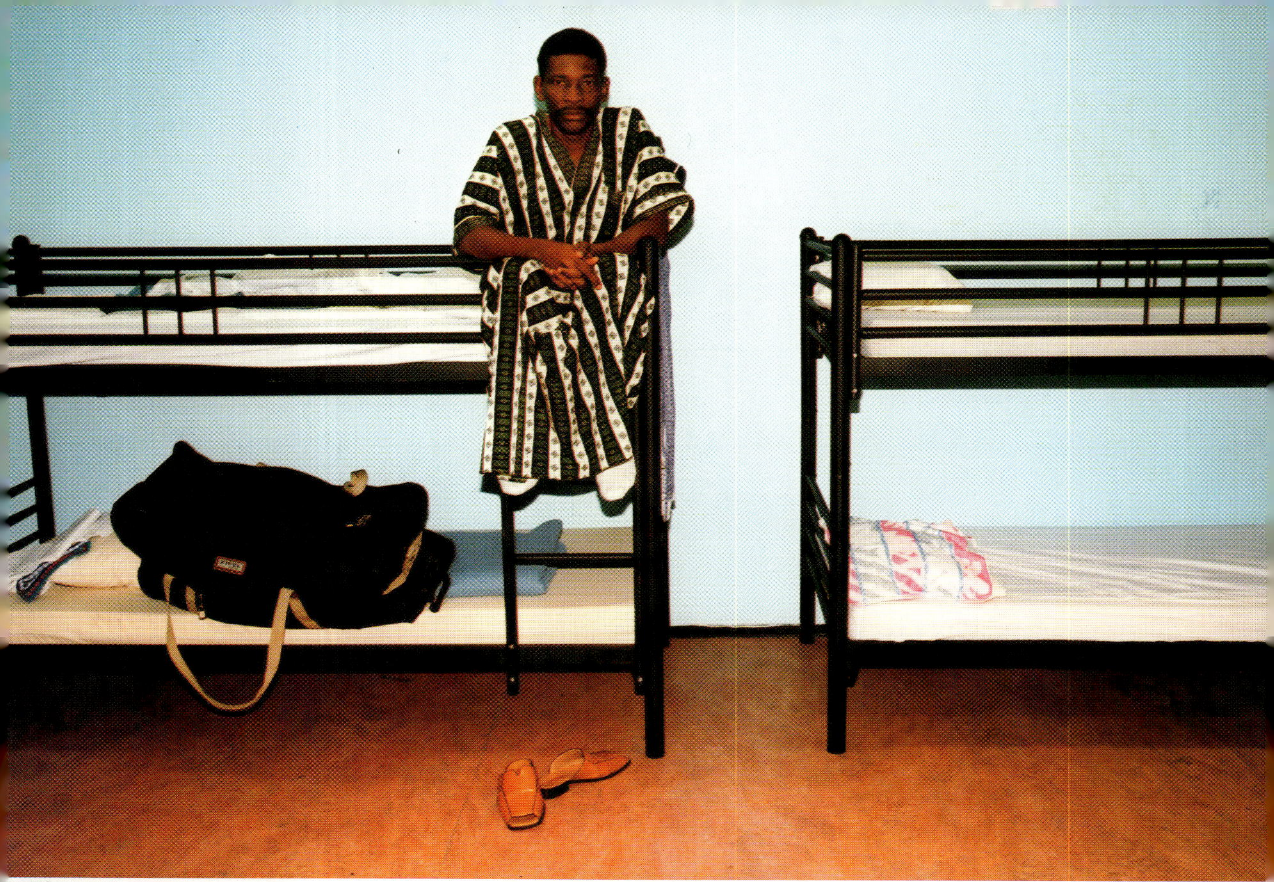

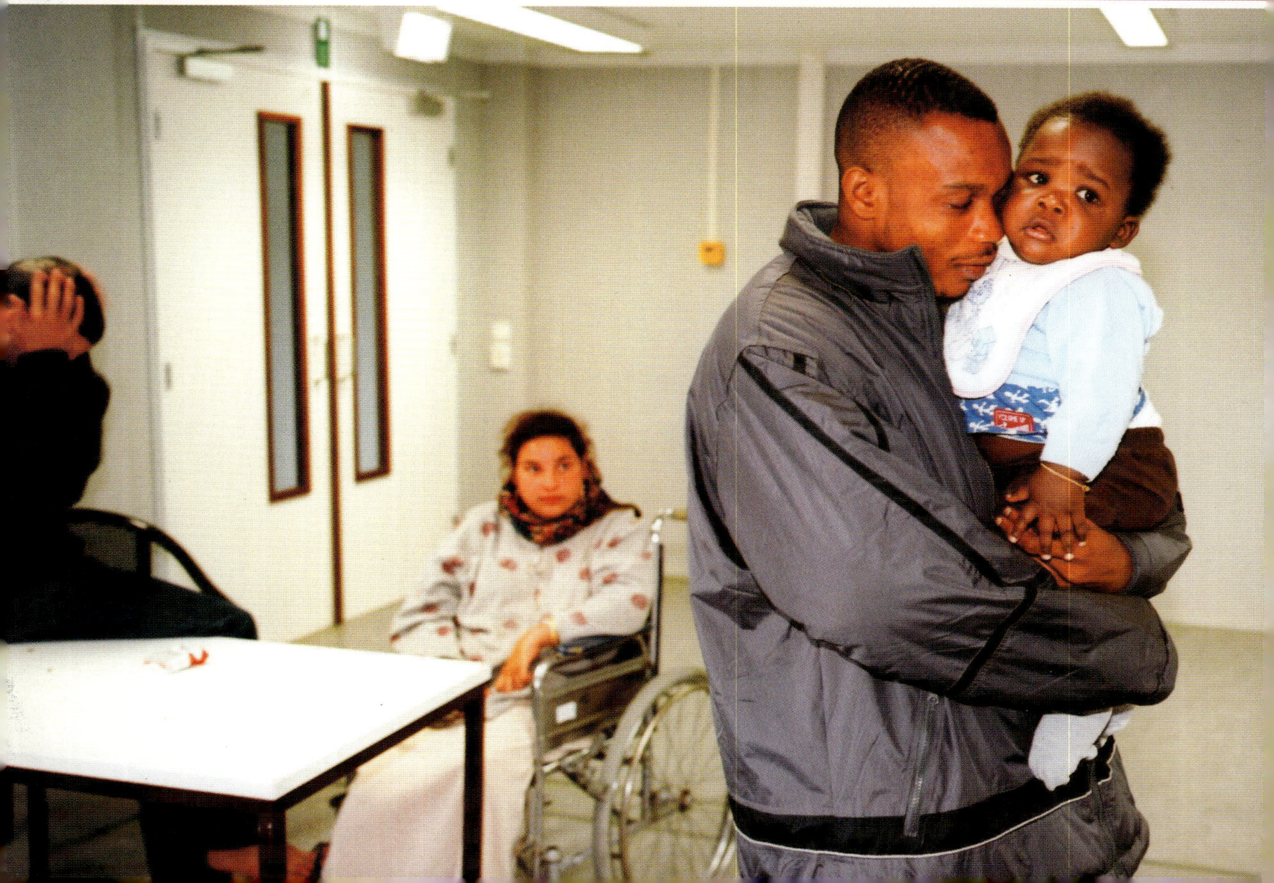

GB

Pag 61: De tv-kamer in het open opvangcentrum van Kapellen.
Pag. 62, boven: Slaapzaal in het open noodopvang-centrum van Sint-Pieters-Woluwe.
Pag. 62, onder: Togolees asielzoeker in het centrum van Jodoigne.
Pag. 63, boven: Mongools meisje in Jodoigne.
Pag. 63, onder: Het wassalon in het open opvangcentrum van Jodoigne.
Pag. 64-65: Het open opvang-centrum van Jodoigne bestaat

Pag. 66, boven: Biddende moslims in het open opvang-centrum van Jodoigne.
Pag 66, onder: Twee Nepalese asielzoekers in hun chambrette in het open opvangcentrum van Kapellen.
Pag 67, boven: Ontbijt in het open noodopvangcentrum in Sint-Pieters-Woluwe.
Pag 67, onder: Controle aan de inkompoort in het open opvangcentrum van Kapellen.
Pag 68: Het opvangcentrum van Kapellen is een oude kazerne.

VERKEERDE TIJD, VERKEERDE PLAATS

Bart Demyttenaere

Suzanne

Cidéville, 21 maart 1917

Het is feest vandaag!
Ik heb een zusje gekregen.
Marie-Louise is een prachtige baby.
Wij hebben onze schuur in Cidéville een beetje versierd.
De boerin heeft wijn en wit brood gebracht.
De broden zijn nog warm!

Papa heeft zijn nette pak aan.
Vandaag werkt hij niet op het veld.
De boerin zorgt heel goed voor ons.
Ze vindt dat papa heel hard kan werken.
Alle hulp is nodig, want ze staat er alleen voor.
Haar zonen vechten al drie jaar aan het front.

Cidéville is een mooie stad,
maar Geluwe is nog mooier!
Gelukkig heb ik het te druk om veel aan Geluwe te denken.

's Zaterdags help ik ook op de boerderij.
Tijdens de week ga ik naar school in Cidéville.
In het begin verstond ik geen Frans,
maar nu praat ik zelfs beter Frans dan West-Vlaams.
In mei doe ik mijn Plechtige Communie.
Mama heeft stof gekregen van de boerin.
Elke avond werkt Zoé aan mijn communiekleed.
Ik kan haast niet wachten tot het zover is!

Fernande

Wantage, 25 oktober 1917

Vandaag is het precies drie jaar geleden
dat wij in Wantage zijn gaan wonen.
Ons huis ligt op de Stockham Cottage Belmort.
Papa werkt in een fabriek.
Hij maakt kogels voor de Engelse soldaten.
Mama zorgt voor Jeanneke en voor mij.
Ik ga graag naar school.
Ik kan al goed lezen en rekenen.
De juf is streng, maar ze kan heel mooi vertel en.

Mama slaapt veel.
Dat is normaal, want binnenkort krijgt ze een baby.
Papa hoopt dat het een jongen zal zijn.

Mama woont niet graag in Engeland.
Ze vindt Engels een moeilijke taal.
Ook vindt ze het jammer dat de buren
niet meer zo aardig zijn als in het begin.
De buurvrouw zegt dat wij geluk hebben.
Papa kan gewoon gaan werken, terwijl haar zoon
in ons land tegen de Duitsers moet vechten.
Mama krijgt vaak bezoek van de pastoor.
Dan fleurt ze helemaal op.
Met de pastoor praat ze over Onze Lieve Heer en Moeder Maria.
In het Vlaams nog wel!
Elke avond moeten Jeanneke en ik een rozenhoedje bidden.
De pastoor zegt dat we in Engeland
het kindeke Jezus niet mogen vergeten!

Enis, Mehreme, Anes, Aida Ibrahimi (portret Dieter Telemans)

DE EX-LERARES UIT EX-JOEGOSLAVIË

Vrijdag 6 juni 2004

Om vijf over twaalf rijdt de trein het gerenoveerde station van Namen binnen. Ik tik het nummer van Mehreme Ibrahimi op mijn gsm in. In een mengeling van gebrekkig Nederlands en flarden nog gebrekkiger Frans probeert Mehreme me de weg naar haar woning uit te leggen. Uiteindelijk begrijp ik dat Mehreme in de Rue Piret-Pauchet woont. Uit het stadsplan in de stationshal leid ik af dat ik aan de achterzijde van het station moet zijn. Mehreme's straat ligt in een verpauperde buurt.

De familie Ibrahimi betrekt twee eenvoudige kamers en een piepkleine keuken op de tweede verdieping van een afgeleefd pand. Mehreme gaat me voor, sluit snel de deur naar de slaapkamer en nodigt me uit te gaan zitten. Ik volg het voorbeeld van mijn gastvrouw en zet mijn schoenen op de smalle overloop.

De eerste kennismaking verloopt moeizaam. Mehreme heeft vandaag weinig zin om over haar verleden te praten. Ze ziet bleek en masseert voortdurend dezelfde plek boven haar ogen.

'Migraine,' verduidelijkt ze. 'Ik heb al maanden hoofdpijn. Elke dag opnieuw. Dat komt door het wachten. Elke dag kijk ik uit naar nieuws uit Brussel. Maar er komt geen nieuws. Ik voel me slecht. Als de kinderen naar school zijn heb ik tijd om te piekeren. In Macedonië gaf ik les in een lagere school. Dat was heel wat anders. Nu ga ik enkele uren per week bij mensen poetsen. Mijn man woont niet meer bij ons. Soms vindt hij even werk in de bouwsector. Af en toe geeft hij wat geld voor mij en de kinderen. Daarvan moeten wij proberen te leven. Ik heb geen recht op een uitkering. Zelfs het schoolgeld voor de kinderen krijg ik nauwelijks betaald.'

We drinken koffie. Oploskoffie. Speciaal voor mij heeft Mehreme echte Nescafé gekocht.

Om halfvijf komen haar kinderen terug van school. De thuiskomst van Enis, Aida en Anesa heeft een positieve invloed op Mehreme's gemoed. De kinderen praten vlot Albanees, Servisch, Frans en een beetje Nederlands. Aida loopt meteen naar de keuken en zet thee. Albanese thee met veel suiker. Ik leg de bedoeling van mijn bezoek uit. De kinderen vertalen mijn Frans en Nederlands in het Albanees. We spreken af dat ik begin juli enkele dagen naar Namen zal komen. Tijdens de schoolvakantie zijn de kinderen immers thuis en kan ik een beroep doen op drie enthousiaste tolken.

Enis informeert naar mijn voorkennis van de Albanese cultuur. Een moeilijke vraag. Ik kom niet verder dan de naam van de voormalige leninistische dictator Enver Hoxha en het feit dat Albanië arm is. Ten slotte zeg ik dat de Albanese maffia vaak in het nieuws is.

'Natuurlijk,' grimlacht Enis. 'Dat is doorgaans het beeld dat de meeste westerlingen over ons hebben. In hun ogen zijn alle Albanezen criminelen. Weet je echt niets positiefs over Albanië?'

'Het songfestival van 2004,' zeg ik. 'De knappe prestatie van het mooie Albanese meisje dat haar land vertegenwoordigde.'

Enis vertaalt en Mehreme fleurt meteen op. Ze stopt een muziekcassette in het toestel. Ongeveer acht kopjes thee en een dozijn Albanese liedjes later nemen we afscheid.

Vrijdag 16 juli 2004

Om tien uur bel ik vanuit mijn hotel aan het stationsplein in Namen naar Mehreme. Omdat ik me verslapen heb, zal ik een uurtje later zijn. Mehreme vindt het niet erg. Ik moet me niet haasten, want Enis ligt ook nog in bed.

'We hebben tijd,' lacht ze. 'Dat is enige wat we te veel hebben.'

De thee staat klaar en Aida kwijt zich zorgvuldig van haar taak. Iedere keer als ik het laatste slokje thee op heb en mijn lege glaasje op het schoteltje gezet, haast ze zich naar de keuken om verse thee voor me te halen. Het is mooi weer. De kleine woonkamer van de familie Ibrahimi ligt onder het dak. Ondanks het vroege uur is het er al ondraaglijk warm. Tijdens het interview staat de televisie aan. De kinderen vertalen beurtelings terwijl ze met een half oog een spelletjesprogramma op TF1 volgen.

De gouden jaren onder Tito

Mehreme: 'Ik ben op 6 juni 1964 in Skopje geboren. Skopje was toen nog een middelgrote stad in voormalig Joegoslavië. Tegenwoordig is het de hoofdstad van de republiek Macedonië. Ik kom uit een groot gezin. Met mijn ouders en mijn acht zussen en broers woonde ik in Saraj, een dorpje in de buurt van de hoofdstad. We hadden het niet breed, maar kwamen ook niets te kort. Papa werkte heel hard om zijn negen kinderen de kans te geven verder te studeren. Toen we groter werden, is papa zelfs zes jaar aan een stuk als taxichauffeur in München gaan werken. Het geld dat hij in Duitsland verdiende, stuurde hij naar huis op. Mijn ouders hebben ons streng traditioneel islamitisch opgevoed.

In mijn jeugdjaren was Macedonië nog een deel van Groot-Joegoslavië. Onder de leiding van Josip Broz, beter bekend als Tito, leefden de verschillende etnische bevolkingsgroepen vreedzaam samen. De Albanese minderheid waartoe mijn familie behoorde was goed geassimileerd met de andere Joegoslavische nationaliteiten. Iemands afkomst was in die tijd niet belangrijk.

Mijn secundaire studies heb ik in Skopje voltooid. Daar heb ik ook twee jaar pedagogie gestudeerd. Na mijn huwelijk met Adem heb ik mijn pedagogische studie voltooid en het diploma van onderwijzeres behaald.'

Een vrouw van goud

Mehreme: 'Ik was negentien toen ik mijn toekomstige man voor het eerst ontmoette. Een vriendin vertelde me dat een knappe Albanese man een oogje op mij had laten vallen.

Op een dag kwam Adem me op school opzoeken. Hij nodigde me uit om een avond met hem op stap te gaan. Ik weigerde, want ik vond hem veel te dik. Adem had zijn pedagogische opleiding niet voltooid. Hij werkte als arbeider in een groot carrosseriebedrijf omdat hij in die branche meer geld kon verdienen dan in het onderwijs. Ondanks de afwijzing bleef Adem volhouden. Na zijn militaire dienst is hij me opnieuw komen opzoeken. Ik schrok toen ik hem terugzag. Ik zag een knappe, slanke jongeman, die smoorverliefd op me was. Adem was maar liefst veertig kilo afgevallen.'

Enis: 'Maar die zijn er nu alweer bij!'

Mehreme: 'Onder indruk van zijn vasthoudendheid ben ik ten slotte voor Adem bezweken. Geheel volgens aloude Albanese tradities is een neef van Adem mijn ouders officieel om de hand van hun dochter komen vragen. Tijdens dat onderhoud werd het bedrag vastgelegd dat ik waard was. Mijn ouders kregen een bepaalde som in goud als onderpand. De bruidsschat blijft eigendom van mijn familie als Adem het huis verlaat. En als ik een einde aan het huwelijk maak moet het geld aan Adems familie worden terugbetaald.

Op 27 oktober 1987 trouwden we. Na ons huwelijk trokken Adem en ik bij zijn ouders in Kondovo in. Negen jaar lang hebben we daar gewoond.'

Assepoester

Mehreme: 'Het waren niet de gelukkigste jaren van mijn leven. Van romantische wittebroodsweken was amper sprake. Gedwongen samenleven met mijn schoonfamilie maakte mijn leven bijzonder moeilijk. Vooral de ziekelijke bemoeizucht van de nog thuis wonende broers en zussen van Adem wogen zwaar op mij. Van mijn schoonouders mocht ik niet buitenshuis gaan werken. Volgens de Albanese tradities moest de laatst gearriveerde volwassen vrouw in de familie alle huishoudelijke taken op zich nemen. Ik werd de nieuwe assepoester. Elke dag bakte ik vers brood en deed ik de was van alle familieleden. Met de hand, want een wasmachine was er niet.

De geboorte van mijn zoon Enis op 19 juni 1988 maakte mijn leven nog moeilijker. Naast de zorg voor mijn zoontje kreeg ik nog meer huishoudelijke taken toegewezen. Klagen bij mijn man Adem haalde niets uit. Adem was gewoon de bevelen van zijn dominante moeder blindelings op te volgen. De wensen van mijn schoonmoeder waren wet en ik moest ze naleven. Ik was heel ongelukkig in die periode. Elke avond kreeg mijn man een mondeling verslag over het zogenaamde gebrek aan vlijt van zijn vrouw. Volgens mijn schoonmoeder voerde ik niets uit. Het brood was te hard gebakken, de was niet schoon genoeg. In de ogen van mijn schoonmoeder kon ik niets goed doen. Dat leidde vaak tot hoogoplopende ruzies. Soms gaf mijn man me zelfs een pak slaag.

Twee jaar later werd onze dochter Aida geboren. Op bevel van mijn schoonmoeder moest ik thuis bevallen omdat ze geen geld wilde spenderen aan een ziekenhuisopname.

Drie jaar later werd Anesa ook in het grootouderlijk huis geboren. Mijn leven was een hel, maar mijn kinderen hebben die situatie gelukkig heel anders ervaren.'

Enis: 'Ik was heel gelukkig in Macedonië. Ik had veel vrienden en deed het goed op school. Mijn oma en mijn tantes gingen heel anders met mij om dan met mijn moeder. Ik had het voorrecht dat ik de oudste kleinzoon in huis was. Dat was een groot privilege waardoor ik een voorkeursbehandeling kreeg. De Albanese samenleving is een mannenmaatschappij. De mannen zijn er veel vrijer dan de vrouwen. Ik had het geluk dat ik een jongen was.'

Aida: 'Ik had ook veel vriendinnen op school. Ik houd alleen maar mooie herinneringen over aan mijn kindertijd in Macedonië.'

Juffrouw Mehreme

Mehreme: 'Twee jaar na de geboorte van Anesa kwam de zon terug in mijn leven. Ook Adem had eindelijk door dat de situatie waarin ik mij bevond niet meer houdbaar was. Op een dag besloot hij een muur te bouwen dwars door de woning van mijn schoonouders. Letterlijk. Eindelijk kregen we daarmee waar we al jaren recht op hadden: privacy, rust en meer vrijheid voor mezelf. In het begin wist ik niet wat me overkwam. De verstikkende druk van mijn schoonfamilie viel van de ene op de andere dag weg. Vanaf toen werd de relatie met mijn echtgenoot gaandeweg beter. Ik mocht zelfs buitenshuis gaan werken. Vanaf 1997 deed ik verschillende interims in een lagere school. Tegelijkertijd doorliep ik een aantal zware cursussen en behaalde ik een universitaire graad in de pedagogie. Ik was zo trots op mezelf. Als klein meisje droomde ik ervan om lerares te worden. Eén september 1997 was de mooiste dag van mijn leven. Op die eerste schooldag ging mijn levensdroom in vervulling. Het is alleen heel jammer dat mijn pedagogisch diploma van de Universiteit van Skopje in België niet gehomologeerd is.'

Op de vlucht naar Kosovo

Mehreme: 'In 2001 brak er een gewapend conflict uit tussen de Macedoniërs en de Albanezen. Sedert jaren probeerden mijn volksgenoten tevergeefs voor hun rechten op te komen. Adem was stiekem lid van de Partij van Democratische Welvaart PPD die opkwam voor de Albanese minderheid die steeds nadrukkelijker door de Slavische Macedoniërs werd gediscrimineerd. De Albanese minderheid eiste het recht op degelijk onderwijs, een eigen Albanese universiteit, het Albanees als officiële taal en een eerlijke politieke vertegenwoordiging in het parlement op. Adem nam geregeld deel aan geheime samenkomsten van de PPD. Ik was niet eens op de hoogte van Adems politieke activiteiten. In onze cultuur is dat niet ongewoon. Een Albanese man hoeft zich nooit te verantwoorden tegenover zijn vrouw.

In het voorjaar van 2001 trokken Albanese milities tegen de Macedonische regering ten strijde. Daardoor werd het leven in ons dorp bijna onmogelijk. Maandenlang durfden we ons niet meer op straat te wagen. Er werd voortdurend heen en weer geschoten. De gewone Albanese burgers kregen de schuld van het oorlogsgeweld. Wij werden voortdurend gecontroleerd en lastig gevallen door de Macedonische politie.

In juli 2001 is het halve dorp in paniek naar Kosovo gevlucht. Daar was de situatie opnieuw veilig omdat NAVO-troepen het grondgebied bewaakten. Mijn vader en mijn grootvader bleven met de andere volwassen mannen achter om onze bezittingen voor eventuele plundering te behoeden.

In augustus zijn we naar huis teruggekeerd. De toestand was nog altijd gespannen, maar in ons dorp werd op dat ogenblik niet meer gevochten. Maar het sociaal klimaat bleef bijzonder grimmig. Albanezen en Macedoniërs gingen vaak met elkaar op de vuist. De Slavische Macedoniërs beschuldigden hun Albanese buren, met wie ze decennialang vreedzaam hadden samengeleefd, van terroristische activiteiten. Dat komt waarschijnlijk heel onwezenlijk over, maar je moet het meegemaakt hebben om het te kunnen begrijpen.

Na de oorlog sloot de fabriek waar Adem werkte de deuren. Mijn man werd werkloos en wij hadden geen inkomen meer. Onze persoonlijke problemen begonnen na het krijgsgeweld in het vroege najaar van 2001.'

Opgejaagd

Mehreme: 'Op 25 september 2001 vielen vijf gewapende agenten onverwacht onze woning binnen. Ik was op dat ogenblik alleen met de kinderen. De mannen vroegen waar mijn man was. Ik wist zelfs niet waar hij uithing. De agenten keken even in de woning rond en namen genoegen met mijn antwoord. Ik moest tegen Adem zeggen dat hij zich 's anderendaags op het politiebureau moest gaan aanmelden.

Toen Adem 's avonds thuiskwam, vroeg ik hem waar hij die dag was geweest. Adem antwoordde niet eens op mijn vraag. Dat vond ik vreemd.'

Aida: 'Papa is zich niet bij de politie gaan melden. Hij wist heel goed wat hem boven het hoofd hing.'

Mehreme: 'Op 5 oktober kregen we weer bezoek van de politie. Drie mannen droegen een uniform, twee anderen waren in burger. Zodra ze binnen waren, begonnen ze zich heel brutaal te gedragen. Ze eisten dat ik hen meteen naar mijn man zou brengen. Ze wilden niet geloven dat ik niet wist waar Adem was. Eerst dachten ze dat mijn man zich thuis had verstopt. Ze begonnen het hele huis te doorzoeken en gedroegen zich erg bruut. De agenten waren op zoek naar verborgen wapens. Omdat ze niet vonden wat ze zochten, werkten ze hun frustraties uit op het meubilair en het huisraad. Alles wat niet te zwaar was, smeten ze kapot tegen de muren. De kasten werden opengetrokken, laden omgekieperd. In geen tijd was het hele huis een puinhoop. De kinderen waren bang.'

Anesa: 'Heel bang. Omdat de politiemannen mama niet geloofden, richten ze zich tot ons.'

Enis: 'Een van hen hield zich met mij bezig. Terwijl mijn moeder werd uitgescholden voor vuile Albanese hoer, kreeg ik een pak rammel. Ik ben heel luid beginnen te huilen.'

Mehreme: 'En dat kon ik niet meer verdragen. Ik heb die mannen toen duidelijk gemaakt dat ze mijn kinderen met rust moesten laten en dat ik desnoods zelf wel naar het politiebureau zou komen als mijn man niet wilde gaan.'

Aida: 'Wij gilden van de angst, maar we werden voortdurend afgesnauwd. De mannen zeiden dat we onze mond moesten houden.'

Enis: 'Ze hielden ons ook voortdurend onder schot.'

Aida: 'Twee uur zijn ze thuis op papa blijven wachten. Daarna zijn ze boos vertrokken.'

Enis: 'Toen papa hoorde wat er was gebeurd, heeft hij ons eerst gesust. De volgende ochtend is hij heel vroeg naar het naburige dorp Haraçin vertrokken. Daar is hij twee weken lang bij een neef ondergedoken. Op de zwarte markt heeft hij een illegaal visum gekocht. Dat kostte hem drieduizend euro. De avond voor zijn definitieve vlucht uit Macedonië is hij bij ons afscheid komen nemen. Hij wou niet vertellen waar hij naartoe ging. Papa was bang dat wij onze mond zouden voorbijpraten.'

Aida: 'De volgende dag is hij met het vliegtuig naar zijn broer in Düsseldorf gevlogen. Tien dagen later is hij naar mama's oudste zus in Namen doorgereisd.'

Enis: 'Ruim twee weken na zijn vertrek heeft hij ons telefonisch laten weten dat hij in België was. Tijdens zijn afwezigheid hebben we nog twee keer onverwacht bezoek gehad van de politie.'

Anesa: 'Ze waren iedere keer heel onbeleefd en brutaal, maar ze hebben Enis niet meer geslagen.'

Enis: 'De laatste keer lieten ze een bevelschrift van de rechtbank achter. Daarop stond dat papa zich meteen bij de procureur van de rechtbank moest aandienen.'

Mehreme: 'Die dringende oproep was voor ons het signaal dat we ons zo snel mogelijk uit de voeten moesten maken.'

Enis: 'En we misten papa ook heel erg.'

Mehreme: 'Mijn zus in Namen heeft ons de papieren opgestuurd die we nodig hadden om een toeristenvisum te kunnen aanvragen. Dat was helemaal niet gemakkelijk. Het heeft vier maanden het geduurd voor de administratie rond was. De Nederlandse ambassade die de Belgische belangen in Macedonië behartigt, wou ons eerst geen visum verlenen, omdat Adem er niet was om de aanvraag mee te ondertekenen. Uiteindelijk zijn we er zonder de officiële goedkeuring van mijn echtgenoot toch in geslaagd. Op 28 maart 2002 kregen we onze reispassen. Drie dagen later hebben we het vliegtuig naar Düsseldorf genomen. We zijn halsoverkop vertrokken. Alles hebben we moeten achterlaten. Ik vond het vooral verschrikkelijk dat ik mijn werk op school moest opgeven. Ik had zo hard gewerkt voor mijn baan in het onderwijs. Maar we hadden geen keuze. Na de verdachtmakingen tegen mijn echtgenoot was er voor mijn kinderen geen toekomst meer in Macedonië. Het huis en al onze spullen heb ik aan mijn schoonouders gegeven. We hadden alleen wat kleding meegenomen.'

Enis: 'Ik vond het heel jammer dat we midden in het schooljaar weg moesten. We hebben alle drie een leerjaar verloren.'

Anesa: 'In één klap waren we onze school, ons huis, onze vrienden en onze familie kwijt.'

Aida: 'En ons land. Ons vaderland.'

's Avonds nodig ik de familie Ibrahimi uit voor een etentje in een restaurant.

Mehreme overlegt even met haar kinderen en wijst mijn aanbod vriendelijk af.

Vanavond komt haar man Adem misschien even langs. Adem is op de hoogte van Mehremes medewerking aan dit boek, maar een restaurantbezoek met een vreemde man is volgens de Albanese tradities niet geoorloofd.

Op mijn voorstel om iets te gaan afhalen wordt wel enthousiast gereageerd.

Terwijl we onze hamburger met cola doorspoelen komt Adem binnen. Anesa staat meteen op en staat ongevraagd haar zitplaats op de bank aan haar vader af. Aida rept zich naar de keuken en zet pa een kopje gesuikerde thee voor. Ook Enis gedraagt zich helemaal anders. De spontane spraakwaterval van namiddag is opvallend zwijgzaam. Hij zegt alleen nog iets als hem wat wordt gevraagd.

Adem schudt me hartelijk de hand. Ik bied hem een sigaret aan die hij resoluut weigert.

'Neem eentje van mij,' zegt hij. 'In Albanië is het gebruikelijk dat de eerste sigaret door de gastheer wordt gepresenteerd.'

We roken samen en drinken thee. Veel thee.Het is laat als ik in mijn hotel aankom. Morgenavond zal Mehreme voor mij koken. Een speciale maaltijd op Albanese wijze.

Zaterdag 17 juli 2004

Enis komt me met de fiets tegemoetgereden wanneer ik de Rue Piret-Pauchet inloop. Het is bijna middag en opvallend rustig aan deze kant van de stad. We gaan samen naar binnen en doen onze schoenen uit. De deur die uitkomt op de slaapkamer staat open. Ik gluur even naar binnen. Mehreme ziet het maar ze maakt geen aanstalten om de deur snel dicht te trekken. Ik ben hier intussen thuis en ik mag alles zien. Aida giet de thee over in een andere pot, geheel volgens Albanese traditie. Mijn kopje staat al klaar tegenover mijn 'vaste' plek op het bankstel. Vreemd hoe snel een mens in vaste gewoontes vervalt.

Van toerist tot asielzoeker

Mehreme: 'Op 31 maart 2002 zijn we in Düsseldorf aangekomen. Er waren geen problemen, want we hadden immers een geldig toeristenvisum voor een periode van

21 dagen. Mijn schoonbroer uit Namen is ons op de luchthaven komen ophalen. Sedert 1 april 2002 verblijven wij in België.

Enis: 'En dat is echt geen aprilgrap!'

Mehreme: 'Acht dagen later hebben we in Brussel de asielprocedure opgestart. Op de Dienst Vreemdelingenzaken hebben ze ons vier keer teruggestuurd. De datum van het eerste interview werd iedere keer verschoven.'

Enis: 'De eerste keer werden van mama en van mij vingerafdrukken genomen. Aida en Anesa waren nog te klein. Daarna moesten we alle vier een radiografisch onderzoek ondergaan. Ondertussen logeerden we bij mijn tante in Namen.'

Mehreme: 'Op 25 april 2002 werden we aan het asielcentrum van Kapellen toegewezen. Die plaats vonden we helemaal niet geschikt voor ons. Het centrum leek op een afgedankte legerkazerne. Het was er op dat ogenblik ook erg druk.'

Anesa: 'En heel vuil. Ik was vies van de toiletten en de wasbakken. Mama wilde er meteen weg. Er was zelfs geen venster dat open kon. We voelden ons net gevangenen. Nog dezelfde dag is mijn oom ons daar komen ophalen.'

Enis: 'De dag nadien mochten we naar het asielcentrum van Westende. Daar was het goed. We hadden een behoorlijke slaapkamer en een eigen keukentje. Er waren ook veel mogelijkheden om aan sport te doen. We zijn dertien maanden in Westende gebleven. Aida, Anesa en ik hebben er Nederlandse les gevolgd. Vooral Anesa was er heel snel mee weg. Ikzelf ben mijn Nederlands trouwens ook niet verleerd. Ik spreek en versta het veel beter dan mijn klasgenoten in Namen. Toen we nog aan zee woonden, volgde ik les in het Sint-Lutgardisinstituut van Oostende.'

Aida: 'Ik heb eerst Nederlandse les voor anderstaligen gevolgd in de Passage te Westende. Na vier maanden kon ik met mijn broer mee naar school in Oostende.'

Enis: 'We hebben ons heel gemakkelijk kunnen integreren. In korte tijd maakte ik vele vrienden. Nooit eerder in mijn leven heb ik mensen van zoveel verschillende nationaliteiten op een plaats samen gezien. In het begin was dat vreemd, maar achteraf vond ik de contacten met jongeren uit alle uithoeken van de wereld erg verrijkend. 's Avonds organiseerden we dansparty's. Tijdens de vakantiemaanden kwamen er vaak toeristen op bezoek. Dat bracht afwisseling in ons leven.'

Mehreme: 'Het personeel in Westende was heel aardig voor ons. Ook ik heb er enkele maanden Nederlandse les gevolgd en aan een theaterproject meegedaan. Dat was erg leuk. Door dergelijke activiteiten konden we onze problemen even vergeten.'

Anesa: 'Ik was toen vooral jouw probleem, mama. Ik heb maandenlang met gipsverbanden rondgelopen. Eerst brak ik mijn arm. Toen die genezen was mijn been. En daarna was mijn vinger aan de beurt.'

Enis: 'Ons verblijf in Westende was vooral voor mij een superperiode. Na papa's vertrek was ik immers de man van de familie!'

Aida: 'Papa heeft ongeveer twee maanden in het centrum gewoond. Toen had hij er genoeg van. Hij wilde er niet langer blijven.'

Enis: 'Papa en mama hadden in die periode af en toe ruzie. Ze hadden het op emotioneel vlak allebei niet gemakkelijk. Papa vond het daarom beter dat hij een tijdje alleen ging wonen.'

Aida: 'Onze ouders zijn niet officieel gescheiden, maar ze leven wel apart. Papa woont ook in Namen. Hij komt ons geregeld opzoeken en hij drukt nog steeds zijn stempel op onze opvoeding.'

Uitgeprocedeerd

Mehreme: 'Het eerste interview bij de Dienst Vreemdelingenzaken had plaats op 2 mei 2002. De kinderen werden niet ondervraagd. Het gesprek duurde ongeveer drie uur. Ik moest uitleggen hoe, wanneer en waarom ik naar België was gekomen. Ik was heel zenuwachtig. Ik had zo'n spervuur van vragen helemaal niet verwacht. Enkele uren na het gesprek werd de negatieve beslissing meegedeeld. Met de hulp van een advocaat heb ik meteen hoger beroep aangetekend. Op 28 mei was ik Brussel voor het tweede gesprek. Om mijn argumenten kracht bij te zetten had ik een aantal persoonlijke documenten meegebracht. Dat maakte blijkbaar totaal geen indruk op mijn ondervrager. Hij trok meteen de echtheid van mijn papieren in twijfel.'

Enis: 'De man geloofde zelfs niet dat mijn vader nog steeds gevaar liep in Macedonië. Ook de moeilijke relatie tussen mijn ouders was blijkbaar een argument dat tegen ons werkte.'

Mehreme: 'Op 24 juni 2002 werd ons de tweede negatieve beslissing schriftelijk meegedeeld. Een maand later werd het beroep tegen die beslissing door de Raad van State verworpen. Sedert 14 april 2003 hebben we een regularisatie aangevraagd. Dat is onze laatste strohalmpje om wettelijk op het Belgisch grondgebied te mogen verblijven. Al vijftien maanden wachten wij op het eindverdict. Ik word soms gek van het lange wachten. Die voortdurende onzekerheid vreet aan een mens. Elke ochtend word ik met barstende hoofdpijn wakker.'

Enis: 'Begin juni 2003 moesten we het asielcentrum in Westende verlaten. Voor de tweede keer werden we gedwongen abrupt van school te veranderen zonder het schooljaar af te maken.'

Aida: 'Ik vond het heel jammer dat we uit Westende weg moesten. Wij voelden ons inmiddels alle drie behoorlijk goed thuis in het Vlaamse milieu.'

Mehreme: 'Ik weet het, maar we hadden echt geen keuze. We moesten meteen weg. Ik was bang dat op een dag de politie ons zou komen ophalen om ons meteen op een vliegtuig naar Skopje te zetten.'

Illegaal en zonder rechten

Mehreme: 'Sedert juni 2003 verblijven wij illegaal in Namen. We hebben geen recht op kinderbijslag of een leefloon. Voor dringende medische zorgen kunnen we terecht bij het OCMW, maar voor het overige zijn we volledig op onszelf aangewezen.'

Enis: 'We redden het nog net omdat mijn tante ons in deze studio laat wonen en ons af en toe een beetje geld toestopt.'

Mehreme: 'Ik maak me al zorgen om het voorschot op het schoolgeld dat voor de eerste september betaald moet worden. Ik weet niet waar ik dat geld vandaan moet halen.'

Enis: 'Papa klust af en toe bij in de bouw en mama verdient een beetje geld met poetswerk. De weinige spulletjes die we bezitten zijn cadeautjes van mijn tante.'

Aida: 'Voor nieuwe kleding is er al helemaal geen geld. Gelukkig hebben we genoeg vrienden die ons op dat vlak helpen.'

Enis: 'Mijn zussen en ik zitten op het Collège Nôtre Dame in Namen. Anesa heeft het vijfde leerjaar achter de rug.'

Anesa rent naar de slaapkamer. Even later toont ze me trots haar rapport.

Anesa: 'Op Frans had ik 72,5 procent en op wiskunde 81,5 procent. Voor wereldoriëntatie, Nederlands en aardrijkskunde behaalde ik zelfs het maximum van de punten.'

Mehreme: 'Anesa is een heel verstandig meisje. In een jaar tijd heeft ze vlot Frans geleerd.'

Aïda: 'Ik ga nu naar het tweede jaar secundair onderwijs. Omdat mijn resultaten zo goed waren, wil ik Latijn gaan studeren. Ik was voor alle vakken geslaagd. Alleen met Frans en wetenschappen heb ik het nog wat moeilijk, maar omdat ik voor de andere vakken heel hoog scoorde mag ik meteen overgaan.

Enis: 'Ik moet het derde jaar overdoen. Ik had een gemiddeld percentage van 65 procent, maar wel zware tekorten voor Frans en wiskunde. Dat is ook niet verwonderlijk, want we spreken nog maar een jaar Frans. Het is echt geen gemakkelijke taal.'

Anesa: 'In het begin huilde ik vaak in de klas.'

Aida: 'Ik had het ook moeilijk, maar nu hebben we al veel vrienden op school.'

Anesa: 'Ik woon hier heel graag en wil liefst voor altijd in België blijven. De scholen zijn hier veel beter dan in Macedonië.'

Aida: 'Ik mis toch de vrijheid en het gewone leven dat we in Macedonië leidden. Ik mis mijn dorpsgenoten en de grote tuin van mijn grootouders en ook het Albanese levensritme dat totaal verschillend is.'

Enis: 'Ik wil ook hier blijven. Ik woon graag in Namen.'

Aida: 'Bij het begin van het schooljaar mochten we opschrijven bij wie we graag in de klas wilden zitten. Ik was heel blij dat verschillende klasgenoten mijn naam hadden genoemd. Voor mij is dat het beste bewijs dat ik helemaal in mijn klas opgenomen ben.'

Dromen van een toekomst

Enis: 'Later wil ik informaticus worden. Ik ben erg geïnteresseerd in alles wat met computers te maken heeft.'

Aida: 'Ik droom van een toekomst als verpleegster. Het lijkt me prettig om mensen te kunnen verzorgen.'

Anesa: 'Ik word later onderwijzeres. Net zoals mama. Ik weet zeker dat mama dat fijn zou vinden.'

Mehreme: 'Ik durf niet over de toekomst na te denken. De toekomst bezorgt me vreselijke hoofdpijnen. Ik hoop dat we ooit legaal in België mogen blijven. Ik ben bereid alles op te offeren voor de toekomst van mijn kinderen. Het is niet erg dat ik arm ben en eventueel voor de rest van mijn leven arm blijf. Maar mijn kinderen moeten het in ieder geval beter hebben dan ik. Ik heb drie prachtige kinderen die een schitterende toekomst verdienen.'

Enis: 'Ik geloof in een goede afloop. We hebben al zoveel meegemaakt. Slechter kan haast niet. Als we allemaal ons best blijven doen en als goede mensen voortleven dan verdienen we later vast en zeker een plaats in het Paradijs. Voor mama zal er sowieso al een plaats zijn. Dat weet ik nu al.'

In de late middag maak ik een wandeling door het oude stadsgedeelte van Namen. Ik ben blij dat ik even buiten ben. Om 21 uur ben ik terug bij de familie Ibrahimi. In de keuken legt Mehreme de laatste hand aan haar zelf gemaakte pite, een heerlijk Albanees ovengerecht waaraan ze twee uur heeft gewerkt. Pite bestaat uit rundvlees, gemengd met prei en uien in een dunne korst van ovenvers brood. Het gerecht wordt geserveerd met taratur, een yoghurtsaus met komkommer en look. Tijdens het eten wordt geen woord gezegd. De televisie staat aan. De kinderen gaan op in een populaire Franse versie van een Amerikaanse soapserie.

Rond halftien komt Adem binnen. Mehreme zet hem een flinke portie pite en taratur voor. Adem ziet er afgepeigerd uit. Hij heeft vandaag twaalf uur op een bouwwerf gewerkt. Na het eten is er çai, Albanese thee. Ik weet dat ik er niet aan kan ontkomen en leg me neer bij de volgende marathonsessie theedrinken.

Na middernacht neem ik afscheid van Mehreme, Enis, Aida, Anesa en Adem.

Ik wens hen veel geluk voor de toekomst.

Suzanne

Geluwe, 17 november 1921

Terug thuis!

We zijn pas drie jaar na de oorlog teruggekeerd.
Dat kon niet anders, want ons huis was totaal verwoest.
Er stond zelfs geen muurtje van onze Lindehoeve meer overeind!
De broers van papa hebben jarenlang heel hard aan ons huis gewerkt.
Steen voor steen hebben ze de boerderij heropgebouwd.
De Duitsers hadden heel Geluwe plat gebombardeerd.
Zelfs de goudstukken die papa bij ons vertrek
op vier verschillende plaatsen op het erf had begraven,
liggen diep onder het puin of zijn weggeslingerd.

In een bommenkrater achter onze koeienwei
heeft iemand een groot bord gezet met de woorden:
GEWEZEN GELUWE-BROUCK.

Ik ben gelukkig en verdrietig.
Gelukkig voor mama en papa.
Verdrietig voor mezelf.
Ik was liever in Frankrijk gebleven.
Net zoals mijn zus.
Maar ik mocht niet van papa.
Ik moest mee naar 'huis'.
Ik denk veel aan Maurice.
Mijn knappe Franse jongen.
Maar ik moet hem vergeten.
Ik moet.
Van papa.

Fernande

Antwerpen, 12 september 1919

Huiswerk.
Twee blaadjes Schoon Schrift en dertig moeilijke sommen.
Daarna naar de catechismus.
Ik hoop dat ik alle antwoorden kan onthouden!
Het is allemaal weer wennen.
Ik mis mijn Engelse school en vriendinnen heel erg.
Wij wonen nu in een klein appartement op de Plantijnlei.
Volgens papa is het maar voorlopig.
Hij werkt in het postkantoor.
Ons huis in Berchem is onbewoonbaar.
Alles is geplunderd en kapot gemaakt.

Balen, 5 augustus 1920

Jan en ik hebben een nieuw zusje gekregen.
We zijn blij met ons Mia,
maar zij kan ons Jeanneke niet vervangen.
Jeanneke is drie maanden geleden begraven.
Wiegendood, zei de dokter.
Jeanneke was vijf jaar.

Papa is nu postmeester geworden.
In Balen.
Ik hoop dat we hier een beetje langer blijven wonen.

Beringen, 17 mei 1924

We wonen in een mooi huis op de Koerselsesteenweg.
Papa is hier ook hoofd van het postkantoor.
Hij heeft een heel drukke baan.
Mama heeft het ook druk.
Ze doet het huishouden en
zorgt voor Jan, Mia, ons Joske
en voor mij natuurlijk!

DE JONGE CHAUFFEUR UIT MOLDAVIË

Zaterdag 12 juni 2004

We ontmoeten elkaar in De Lier, een opvangcentrum in Ieper waar zestien niet-begeleide minderjarige asielzoekers tijdelijk verblijven. Irinel Gurau verontschuldigt zich en zegt dat ik nog even zal moeten wachten. Hij moet eerst nog de afwas doen omdat hij gisteren na een avondje stappen met vrienden te laat was thuis gekomen. Intussen maak ik kennis met Irinels medebewoners.

Katrijn, de dienstdoende begeleidster, benadrukt dat Irinel heel erg naar mijn komst heeft uitgekeken. Ze hoopt dat een aantal intensieve dieptegesprekken Irinel een beter inzicht kunnen geven in zijn chaotische verleden. Ik zeg dat ik geen therapeut ben, maar dat een goed gesprek sowieso verhelderend werkt. Voor beide gesprekspartners.

Ik maak met Irinel een lange wandeling door Ieper. Het spreekwoordelijke ijs is meteen gebroken, want de zeventienjarige Moldaviër is een spraakwaterval. We drinken cola op een terrasje in het hart van de stad. Het valt mij op dat Irinel voortdurend naar mijn broek kijkt.

'Is that a real Levi's 501? I like Levi's.'

Het feit dat we dezelfde maat hebben, maakt Irinel nog enthousiaster.

Ik beloof hem bij mijn volgende bezoek een van mijn broeken mee te brengen.

Na de wandeling laat Irinel mij trots zijn kamer zien. Op de wanden hangen kleurrijke posters van sportwagens. Ik krijg ongevraagd een boel technische informatie over cilinderinhouden en automerken over me heen. Ik ken er niets van, maar ik laat de Ferrari's, Mazeratti's en BMW's door Irinels hoofd racen.

Na een kwartier maak ik een eind aan de 24 uren van Ieper. Ik haal de wegenkaart van Oekraïne en Moldavië boven. Een heel goede zet, want Irinels mond valt open van verbazing. Met zijn wijsvinger volgt hij de grenzen van zijn geboorteland.

'Ongelooflijk!' roept hij uit. 'Dat is mijn land. Heb je nog zo'n kaart voor me?'

Wild enthousiast neemt hij me mee naar het kantoor van de begeleiding.

Katrijn maakt meteen een fotokopie.

Moldavië past precies op een A4-tje.

Zondag 25 juli 2004

Om 16u kom ik Irinel in De Lier ophalen. Met Fien, een van de begeleidsters, maak ik een planning op voor de volgende dagen. Het is rustiger dan de vorige keer. Er zijn maar negen jongeren thuis. De anderen zijn op kamp. Fien zegt dat Irinel al de hele dag bijzonder zenuwachtig is. De jongen is blij met de kleren die ik voor hem heb meegebracht. Het mouwloze T-shirt trekt hij meteen aan. De blauwe Levi's reserveert hij voor volgende zaterdag, wanneer hij met zijn vrienden op stap gaat.

We praten wat en besluiten dat we pas na het avondmaal in het asielcentrum zelf naar de binnenstad afzakken. We eten rijst met kip en veel pili-pili, een lekker gerecht dat door twee Kongolese meisjes werd klaargemaakt.

We beginnen aan het interview op een terrasje tegenover de prachtige Lakenhallen. Irinel wijst verrukt naar het indrukwekkende neogotische bouwwerk.

'Ieper is a very nice city. I like it here. That building reminds me to Moldova. In my country there are a lot of beautiful castles!'

Naamloze vondeling

Irinel Gurau: 'Ik ben waarschijnlijk geboren op 27 februari 1987 in Cahul, een middelgrote stad in het zuiden van Moldavië. Op dat ogenblik was mijn land nog een deelstaat van de Sovjet-Unie. Pas zeven jaar later zou Moldavië onafhankelijk worden.

Ik weet totaal niets over mijn ouders. Mijn moeder heeft me meteen na mijn geboorte op de stoep van een weeshuis te vondeling gelegd. Ik ben er tot mijn twaalfde gebleven. Ik weet niet zeker of ik nog broers of zussen heb. Mijn beste vriend Rotaru Liviu lijkt verdacht veel op mij. Hij is ook op dezelfde manier in het weeshuis afgeleverd en er zijn duidelijke gelijkenissen tussen het handschrift op de begeleidende kaartjes die aan onze polsjes bevestigd waren. Rotaru en ik beschouwen elkaar als broers, ook al hebben we een verschillende familienaam.

Ik ben naamloos ter wereld gekomen. De naam Irinel Gurau heb ik van de overheid gekregen. Wellicht heeft de staat ook mijn geboortedatum bedacht. Ik ben absoluut geen uitzondering. In Moldavië worden steeds vaker baby'tjes weggegeven, omdat de ouders niet genoeg middelen hebben om hun kinderen groot te brengen. In het weeshuis waar ik verbleef woonden vijfentwintig kinderen. In elke Moldavische of Roemeense stad zijn er minstens drie of vier weeshuizen.'

Ieder voor zich

Irinel Gurau: 'Het leven in het weeshuis was hard. Hard en saai. We werden door het personeel heel ruw behandeld. Wie niet luisterde kreeg meteen een pak slaag. Ik heb geen gelukkige en onbezorgde kindertijd gehad.

Elke dag verliep volgens hetzelfde scenario. Er werden nooit leuke activiteiten georganiseerd. We moesten onszelf bezig zien te houden. We kregen eten, kleding en een bed, maar men deed niets met ons. Het eten was van bijzonder slechte kwaliteit. Op sommige dagen waren de porties opvallend kleiner dan gewoonlijk. Sommige opvoeders sloegen een deel van onze rantsoenen achterover om hun eigen gezinnen te onderhouden. Moldavië is een extreem arm land, waar nu nog steeds de wet van de sterkste geldt. Het is er ieder voor zich, elke dag opnieuw.

De eerste jaren van de basisschool heb ik in Vadul Lui Sac doorlopen, een stadje ten zuiden van Cahul. We gingen er elke dag met de bus naartoe. De hogere leerjaren volgde ik in Cahul zelf.

Ik ging heel graag naar school, vooral omdat de dagelijkse sleur van het leven in het weeshuis werd doorbroken. De leerkrachten waren doorgaans aardige mensen. Sommigen konden mooie verhalen vertellen. Toch waren lijfstraffen ook op school schering en inslag. Wie tegensprak, zijn les niet kende of te laat kwam, kreeg steevast een flinke klap met de punt van de bordpasser. Elke dag gingen een paar leerlingen met een gezwollen hand naar huis. Ik heb er ook vaak van langs gekregen, maar ik heb nooit een traan gelaten. Nooit! Dat gunde ik hen niet. Door de jarenlange ruwe behandeling in het weeshuis was ik op dat vlak veel meer gewoon dan mijn klasgenoten.

Twaalf jaar heb ik in het weeshuis doorgebracht. Twaalf jaar lang was ik geïsoleerd van de rest van de wereld. Omdat we voortdurend in het huis werden opgesloten, hadden we geen contact met kinderen die in gewone gezinnen opgroeiden. De korte contacten op de speelplaats vielen meestal tegen. De kinderen uit het weeshuis werden op school uitgestoten en vaak publiekelijk door de leerkrachten vernederd. Toch vond ik dat minder erg dan de verschrikkingen die we in het weeshuis moesten ondergaan. De leuke herinneringen uit die periode zijn op één hand te tellen. Een keer hebben we een reis van een week naar het Jalpugmeer gemaakt. Dat was heel leuk. En als het Staatscircus van Moskou toevallig Cahul aandeed, mochten we wel eens een voorstelling bijwonen.'

Een speelgoedje en een 'speelmaatje'

Irinel Gurau: 'Als ik jarig was, kreeg ik een plakje cake. Dat was het. Ik heb maar één keer een echt cadeautje gekregen. Op mijn negende verjaardag kreeg ik van de directeur van het weeshuis een vrachtwagen met beweegbare laadbak. Daar was ik erg blij mee! Met Kerstmis mochten we in de straten van de buurt aan huis liedjes zingen. Dat is een eeuwenoude Moldavische traditie. Meestal kregen we dan een snoepje of een muntstuk.

Dat zijn in het kort alle leuke herinneringen uit mijn kindertijd. Het heeft geen zin om verder te zoeken, want er zijn er niet meer...

Over de ergste herinnering uit mijn weeshuisperiode hoef ik ook niet lang na te denken. Enkele weken na mijn negende verjaardag werden we 's avonds door een opvoeder in een kamer opgesloten. We hoorden hoe hij naar beneden ging en de voordeur achter zich dichtsloeg. Ik was heel bang. Van de meeste opvoeders moesten we niets hebben, maar ik had nog liever een strenge opvoeder in de buurt dan iemand die helemaal niet naar ons omkeek. Na enkele bange uren hoorden we beneden voetstappen. Ik herinner me nog dat iedereen opgelucht ademhaalde en toen er een man onze kamer binnenkwam waren we gerustgesteld. We hadden hem weliswaar nooit gezien en begrepen niet veel van wat hij vertelde. Hij zei dat de opvoeder dringend weg was gemoeten en dat hij in zijn plaats de nacht met ons zou doorbrengen. Het geruststellende gevoel veranderde een half uur later in algemene paniek toen duidelijk werd dat die man een pedofiel was. Hij heeft zich aan verschillende kinderen willen vergrijpen, maar wij maakten zo veel kabaal dat hij het opgaf en naar buiten rende. Ik herinner me nog heel goed hoe iedereen luid gillend door de slaapzaal rende. Het aanhoudende geschreeuw had effect. De buren hebben de politie verwittigd en die heeft de man in de tuin van het weeshuis kunnen arresteren. Enkele dagen later vernamen we dat het om een Fransman ging die de opvoeder had omgekocht om zijn lusten op de weeskinderen te kunnen botvieren. De opvoeder die de man vrij spel gaf is meteen ontslagen.'

Kerstmis in een gastgezin

Irinel Gurau: 'Toen ik bijna tien was, mocht ik voor het eerst de schoolvakantie bij een gastgezin in Vadul Lui Sac doorbrengen. Mijn vakantie-ouders kregen daarvoor van de overheid een financiële vergoeding. Op een dag werd ik dus door een man en een vrouw in het weeshuis opgehaald. Niemand had me vooraf iets verteld. Het gebeurde gewoon.

De eerste keer vond ik het daar heel prettig. Ik vond het vooral leuk dat er zoveel bezoek over de vloer kwam. Het huis van mijn gastgezin lééfde en dat was compleet nieuw voor mij. Bovendien was het mijn eerste kerst buiten de muren van het weeshuis. Mijn "pleegouders" heetten Maria en Sergei. Ze drongen erop aan dat ik hen mama en papa zou noemen, maar dat heb ik altijd geweigerd.

Ik vond het heel moeilijk om me aan te passen aan de onstuimige vrolijkheid die er tijdens mijn verblijf heerste. Ik kreeg ook fantastische cadeautjes. Onder de kerstboom lag een groot, rond pak. Daarin zat een prachtige lederen voetbal. Ook kreeg ik een miniatuurautootje met portieren die echt open- en dichtgingen! Sergei en Maria hadden een zoontje. Cristi was drie jaar jonger dan ik, maar ik kon het uitstekend met hem vinden. We speelden altijd samen.'

Goedkope boerenknecht

Irinel Gurau: 'Na die heerlijke Kerstmis keek ik erg uit naar de volgende schoolvakantie. Tijdens mijn tweede verblijf voelde ik de spanningen in het gezin sterk aan. De vorige keer was me ook al opgevallen dat Sergei en Maria veel dronken, maar toen was er zo veel bezoek dat hun agressie binnen de perken bleef.

Maria en Sergei begonnen na het ontbijt al wodka te drinken en tegen de middag waren ze allebei ladderzat. Elke zuippartij ontaardde automatisch in een zware scheldtirade. Vooral Sergei kon bijzonder agressief uit de hoek komen. Als Cristi en ik ons dan te dicht bij hem in de buurt waagden, kregen we slaag. Wij mochten tijdens het spelen geen lawaai maken. Toen ik per ongeluk een glas omstootte, kreeg ik er met de broeksriem van langs. Soms sloeg hij ons ook met een grote ijzeren sleutel.

Ik keek uiteraard niet meer uit naar de volgende vakantie, maar het had zelfs geen zin om me in het weeshuis te verzetten. Zodra Sergei zich vertoonde, werd ik geroepen en moest met hem mee.

Vanaf mijn derde vakantie mocht ik zelfs niet meer spelen. Ik moest de tuin onderhouden, de varkens eten geven en de stallen uitmesten. Vooral dat laatste werk haatte ik. Natuurlijk werd ik niet betaald. Terwijl mijn dronken pleegouders elkaar binnen de huid vol scholden en mijn speciale wezentoelage opzopen, was ik buiten aan het werk. Elke dag moest ik drie kilometer lopen om de koeien naar de weide te brengen. Als het niet snel genoeg ging, kreeg ik een pak slaag. Sergei was uitermate gevaarlijk als hij stomdronken was. En dat was hij ongeveer elke dag.

Twee jaar lang heb ik dit moeten ondergaan. Vooral de zomervakanties waren verschrikkelijk. In Moldavië sluiten de scholen van 15 juni tot 15 september. Dat zijn drie lange maanden.'

Beroofd

Irinel Gurau: 'In de zomer van 1999 had ik er genoeg van. Ik was twaalf jaar en ik kon de mishandelingen niet meer verdragen. Op weg naar de koeienweide ontmoette ik Alexandru, een weesjongen die tijdens de vakanties in een ander boerengezin verbleef en ongeveer hetzelfde als ik meemaakte. We besloten samen weg te lopen. Nog dezelfde nacht spraken we af aan het centrale busstation van Cahul. We namen de eerste bus naar Chisinau, een stad in het noorden van Moldavië. Ik had enkel een plasticzak met wat klederen meegenomen. Alexandru had het spaargeld van zijn pleegouders gejat. Dat was ruim voldoende om onze bustickets te betalen en enkele weken van te leven.

We kwamen 's avonds laat op onze bestemming aan. Omdat we niet wisten waar we naartoe moesten, besloten we in het treinstation van Chisinau te overnachten. Aan een kraampje kocht Alexandru enkele koeken. Tijdens ons avondmaal kwamen twee grote mannen op ons af. Ze hadden ons al een tijdje in de gaten en ze hadden gezien dat mijn vriend flink wat geld op zak had. De ene gaf Alexandru een klap op het hoofd, terwijl de andere zijn zakken leegmaakte. We konden niet naar politie stappen, want we waren immers zelf op de vlucht. Gelukkig was Alexandru zo slim geweest het geld op verschillende plaatsen te verstoppen. Onze overvallers waren zijn kousen vergeten uit te trekken! We sliepen dicht tegen elkaar in de wachtzaal van het station. De volgende ochtend dronken we thee in een cafeetje. Daar ontmoetten we een Roemeense jongen die ons voorstelde naar zijn land te emigreren.'

Maandag 26 juli 2004

's Middags haal ik Irinel in het asielcentrum op. Daar stelt hij me voor aan Maxim, een vijftienjarige Russische vluchteling en Irinels beste vriend in het centrum. Maxim is een vlotte prater en ik sta versteld van zijn kennis van de internationale politiek. Midden in de discussie over de gelijkenissen tussen de laatste Russische tsaar Nicolaas II en de huidige president Poetin maakt Irinel abrupt een eind aan mijn gesprek met Maxim. Hij kijkt op zijn polshorloge.

'We moeten vertrekken,' zegt hij snel. 'Ik heb nog veel te vertellen.'

We rijden naar de stad en bestellen een biertje op een terras.

Irinel vertelt gedreven verder. Hij weet nog precies waar we zijn verhaal gisteren hebben onderbroken.

Geen werk in Roemenië

Irinel Gurau: 'Samen met onze nieuwe Roemeense kennis namen Alexandru en ik de trein tot in Ungheni, een stadje aan de grens met Roemenië. We moesten ons gedeisd houden en ons zo onopvallend mogelijk gedragen. 's Nachts werden we opgehaald. We moesten in een kleine boot gaan zitten. Een man vaarde ons over de Prut, een grote rivier die de natuurlijke grens tussen Roemenië en Moldavië vormde. Het moest op die manier want we hadden geen papieren bij ons.

Aan de andere kant van de rivier kregen we duidelijke aanwijzingen. We moesten eerst te voet een lange omweg van ongeveer tien kilometer maken. We trokken door velden en weiden om de Roemeense grenspolitie te ontwijken. Na uren wandelen bereikten we de hoofdweg naar Iasi, een grote stad in het noordoosten van Roemenië. Om vijf uur 's morgens zijn we daar al liftend aangekomen.

Ik was opgelucht dat ik veilig uit Moldavië was weggeraakt. Ook was ik bijzonder trots op mezelf. Maar tegelijkertijd voelde ik me bang en onzeker over de toekomst.

Alexandru en ik besloten dat we zo snel mogelijk werk moesten vinden. Op straat en in bars spraken we willekeurige mensen aan. Een man scheurde een blad met werkaanbiedingen uit zijn krant. Hij waarschuwde ons dat we in Roemenië papieren nodig hadden om ingeschreven te kunnen worden.

Officieel werk zat er voor ons dus niet in. Bovendien hadden we onze leeftijd tegen. Geen enkele Roemeense werkgever zat te wachten op twee twaalfjarige illegale Moldavische weeskinderen. Drie weken lang trokken we doelloos door de stad. Het geld van Alexandru's pleegouders was bijna op. 's Nachts sliepen we in portieken, in tuintjes of op een bank in het station. Af en toe werden we door de politie weggejaagd.'

Bedelen voor de maffia

Irinel Gurau: 'Terwijl wij in Iasi rondliepen, werden we zonder dat we het wisten door medewerkers van Corduneanu, een machtige maffiabaas, in het oog gehouden. Op een dag werden wij door een van hen bedreigd. We moesten voor de grote baas gaan stelen, want anders zouden ze ons het leven zuur maken. Alexandru en ik renden weg, maar de man haalde ons snel in. We kregen allebei een stevig pak rammel. Daarop stelden de maffiosi ons voor de keuze: stelen of bedelen. Wij kozen voor het tweede.

De volgende dag liepen wij de markten af en vatten post voor de ingang van de kerken in de stad. Om de twee uur kwam een handlanger van Corduneanu onze inkomsten innen. We verdienden vrij veel geld. Roemenen zijn solidaire mensen die heel vertrouwd zijn met bedelaars in het straatbeeld. De meeste Roemenen hadden het tijdens het regime van Ceausescu zo moeilijk dat ze veel begrip konden opbrengen voor de mensen die er nog slechter aan toe waren. Geen wonder dat de georganiseerde bedelarij voor de maffia een belangrijke bron van inkomsten vormde. Dit werk hebben we ongeveer twee maanden moeten doen. Er kwam abrupt een eind aan onze bedelbaan toen onze 'werkgever' een man doodde tijdens een vechtpartij in een discotheek. De media besteedden veel aandacht aan de zaak, waardoor de politie niet anders kon dan de man op te sluiten. Wij konden weer vrij bewegen, maar er was niemand meer die zich een beetje om ons bekommerde. Om te overleven stalen we voedsel. Vooral Alexandru was hier heel bedreven in geworden, maar net niet goed genoeg om uit de handen van de politie te blijven. Op een dag werd hij gearresteerd. Ik bleef verweesd achter.'

Lef

Irinel Gurau: 'Omdat ik geen andere mogelijkheid zag, besloot ik zelf wat geld bijeen te bedelen. Ik stond op de markt toen een jongeman in een duur pak voorbijkwam. Ik vroeg hem om wat geld. De man schudde het hoofd en zei dat ik moest werken als ik geld wilde verdienen. Ik riep brutaal terug dat hij me dan maar werk moest geven. De man was verbaasd om zoveel lef van een klein jongetje. Hij gaf me zijn kaartje en zei dat ik hem moest komen opzoeken. De volgende ochtend meldde ik me aan op zijn kantoor. De man glimlachte vriendelijk en vroeg me hoeveel ik wilde verdienen. Ik zei dat ik vijftig euro per maand wilde. De man zei dat een volwassen Roemeense arbeider gemiddeld vijfendertig euro per maand kreeg. Daarop antwoordde ik dat dat dan het probleem van alle volwassen Roemeense arbeiders was en dat ik heel hard kon werken voor vijftig euro. De jongeman begon toen heel luid te lachen. Hij sloeg zich op de dijen en kreeg tranen in zijn ogen. Eerst dacht ik dat hij me uitlachte, maar het tegendeel was waar. Toen hij uitgelachen was, drukte de man mij de hand. Omdat hij zich zo had geamuseerd, werd ik onmiddellijk en onder mijn voorwaarden in dienst genomen. Ik werd de jongste illegale werkkracht in de wijnhandel van mijn baas.'

Chauffeur van dertien jaar

Irinel Gurau: 'In het magazijn verpakte ik wijnflessen in kisten. Ik deed dat werk heel graag, ook al was het niet evident voor een knaap van twaalf. In het begin had ik vooral veel moeite met het optillen van de grote wijnkratten die elk meer dan twintig kilogram wogen. Na enkele maanden had ik daar geen problemen meer mee. Ik werd elke dag een beetje sterker en beter in mijn job. De baas was heel tevreden over mij. Ik klaagde nooit en ik was nooit ziek. Ik heb ongeveer een jaar in het bedrijf gewerkt. 's Nachts sliep ik in een verlaten scheepscontainer.

Toen Alexandru door de politie werd vrijgelaten, heb ik hem ook aan werk geholpen. Ondanks het zware werk en de armoedige omstandigheden waarin wij leefden, was het een mooie tijd. Mijn baas had duidelijk een boontje voor mij. Hij gaf me geregeld een extraatje. Ook zijn vriendin zag mij graag. Af en toe kreeg ik nieuwe kleren en dan namen ze me mee naar de discotheek. De hele avond trakteerden ze me op cola.

Ik leidde het leven van een twintiger, terwijl mijn puberteit nog moest beginnen.

Vanaf mei 2000 mocht ik zelfs met de firmawagen rijden! 's Morgens laadde ik de bestellingen in de Mercedes van de baas. Daarna deed ik mijn ronde. En als er een beetje tijd over was, trakteerde ik mezelf op een lange autorit.

Ik had geen rijbewijs en ik was amper dertien jaar. Dat was echter in het overcorrupte Roemenië geen enkel probleem. Omdat mijn baas de juiste connecties had, liet de politie me meestal met rust. Bij een zeldzame controle gaf ik de agent een briefje van vijf euro en het naamkaartje van mijn baas. Naar mijn papieren werd gelukkig nooit gevraagd.

Eind juni reed ik rond met een "speciale nummerplaat". Daardoor wisten de plaatselijke agenten dat het smeergeld keurig vooruit was betaald en dat ik dus "onder bijzondere bescherming" stond. Niemand waagde het nog om mij te controleren.

Ik heb mezelf leren autorijden door acteurs in films en gewone chauffeurs op straat aandachtig te observeren. Als kleine jongen was ik al in de ban van alles wat met auto's te maken had.

Mijn eerste rit verliep zonder problemen. Alles ging vanzelf. Ik startte de auto en ik reed weg. Ik geef toe dat ik in het begin geen voorbeeldige chauffeur was. Met mijn korte beentjes kon ik niet goed bij de voetpedalen. Om te kunnen schakelen kroop ik op het puntje van de autostoel. Mijn hoofd kwam net boven het dashboard uit. Ik vond het fantastisch.'

Zelfstudie

Irinel Gurau: 'In Iasi ging ik elke zaterdag en zondag naar de kerk. Ik ben heel gelovig Grieks-orthodox opgevoed. Na de gebedsdiensten hielp ik de priester met het versieren van de kerk en deed ik allerlei klusjes. Ik ruil gaf de priester me Engelse les. Ik was een heel snelle leerling. Ondanks het feit dat ik al meer dan een jaar niet naar school was geweest, maakte ik grote vorderingen.

In Roemenië heb ik ook Italiaans geleerd. 's Avonds mocht ik af en toe bij mijn baas televisie kijken. Hij keek graag naar Italiaanse films op Italia Uno, een zender die we via een schotelantenne konden ontvangen. Na enkele maanden kon ik al zeer veel begrijpen. Ik kan nu behoorlijk Italiaans spreken. Het is niet moeilijk om jezelf dingen aan te leren. Het is gewoon een kwestie van de juiste dingen te blijven onthouden.

Helaas duren mooie liedjes nooit lang. Eind juli werd de zaak waarvoor ik werkte failliet verklaard. Mijn baas bleek namelijk al jaren op grote schaal belastingen te hebben ontdoken.'

Van Bacau naar Boekarest

Irinel Gurau: 'Gelukkig vond ik snel werk in een restaurant. Ik moest de tafels afruimen en de afwas doen. Op een avond kreeg ik per ongeluk een ketel kokend water over mijn rug. Mijn nieuwe baas keerde me een weekloon uit en stuurde me meteen naar huis. Ik moest hem beloven dat ik nooit meer terug zou komen.

Ik was er heel erg aan toe. Twee weken heb ik op mijn matras in de container gelegen. Ik kon me nauwelijks bewegen. Overal had ik pijn. Alexandru verzorgde me zo goed en zo kwaad als het kon.

Toen ik weer min of meer op de been was, besloot ik dat het tijd was om elders mijn kans te wagen op een beter leven. Alexandru ging naar Boekarest en ik vertrok naar Bacau, een grote stad op 120 kilometer van Iasi. Wekenlang probeerde ik vruchteloos aan werk te komen. Bacau is een mooie, moderne en heel verzorgde stad. De meeste rijke Roemenen hebben er een villa of een buitenverblijf. Daardoor waren er ook opvallend meer politie- en veiligheidsmensen in de stad. Ik begreep dat Bacau geen ideale woon- en werkplek voor een illegale tiener uit Moldavië was.

Uiteindelijk besloot ik mijn vriend Alexandru op te zoeken. In Boekarest vond ik meteen werk in de bouwsector. Ik was metselaarsknecht en werkte gemiddeld tien uur per dag. Ik verdiende vijftig euro per maand. De eerste weken sliep ik in een beschut hoekje op de bouwwerf. Daarna vond ik een goedkope kamer in de stad. Acht maanden lang heb ik in de bouw gewerkt. Ik had een bloedhekel aan Boekarest. De hoofdstad van Roemenië is smerig en heel onveilig. Ik voelde me er helemaal niet thuis. Verder heb ik niets bijzonders over deze periode te vertellen. Overdag werkte ik en 's nachts sliep ik. Daarmee is alles gezegd.'

Verkoper van namaakmerkkledij

Irinel Gurau: 'In mei 2001 ontmoette ik een Turkse jongen die in opdracht van de grote Turkse winkelketen *Europa* op zoek was naar geschikte verkopers. Ik was meteen enthousiast.

Ik moest potentiële klanten op straat aanspreken en hen naar de Turkse winkels lokken. Mijn opdrachtgevers verkochten namaakkledij van alle populaire internationaal bekende topmerken. Ik slaagde erin vele klanten warm te maken voor een "echt" T-shirt van *Diesel*, een paar sportschoenen van *Nike* of *Adidas* of een authentieke, onvervalste *Levi's 501*.

Het ronselwerk lag me veel beter dan de zware handenarbeid in de bouw. Bovendien verkocht ik in commissie. Augustus 2001 was voor mij een topmaand. Toen heb ik zelfs negentig euro verdiend!

In een Turkse theezaak leerde ik Emre uit Istanbul kennen. Het klikte tussen ons. Emre vond het eigenaardig dat ik voor zo'n hongerloon in Roemenië bleef. Volgens hem zou ik in Turkije het dubbel van dat bedrag kunnen verdienen. Emre bood aan me te helpen. Ik moest niet lang over zijn voorstel nadenken. Wat had ik te verliezen?'

Textielarbeider in Istanbul

Irinel Gurau: 'Op 25 augustus 2001 liet ik Roemenië definitief achter me. Een Turkse vrachtwagenchauffeur verstopte me in de laadbak van zijn oplegger. Na een vermoeiende reis van twintig uur kwamen we in Istanbul aan. De chauffeur liet me uitstappen in *Ederne Kapy*, een buitenwijk van de grootstad. Hij begeleidde me naar een plaats waar verschillende illegale vreemdelingen op werk stonden te wachten.

Na twintig minuten vond ik al werk als arbeider in een textielfabriek. Ik moest van acht uur 's ochtends tot tien uur 's avonds werken. Het was geen fysiek zwaar werk, maar ik moest wel de hele tijd staan. Ik werd redelijk goed betaald. Men gaf me dertig euro per week en ik kreeg eten in de fabriek.

Vijf weken later veranderde ik van baan. Ik werd arbeider in een cementfabriek. Het was zwaar werk, maar ik kreeg er vijftig euro per week voor. Ik moest zakken cement van vijftig kilo stapelen. Na enkele weken mocht ik ook met een bestelwagen van de firma rondrijden. Ik was op dat ogenblik veertien jaar.

Met drie andere illegale jongens woonde ik in een kleine ruimte achter in een garage, waar net genoeg plaats was voor vier bedden. Er was geen stromend water en dus ook geen toilet. Om alle zweet en vuil van ons af te spoelen trokken we na het werk meteen naar een Turkse sauna in de buurt.

Ik was niet gelukkig in Turkije. In het begin verstond ik geen woord van wat de anderen zeiden. Alles was nieuw voor mij. Maar na vier maanden kon ik me al goed in het Turks uitdrukken.

Eind mei 2002 besloot ik met mijn werk in de cementfabriek te stoppen. Ik voelde mijn rug niet meer. Mijn werkmakkers waarschuwden me dat dit geen werk was voor een jongen die net vijftien was geworden.'

Elektricien voor Nissan-Turkije

Irinel Gurau: 'De volgende dag had ik al ander werk. Ik werd elektricien in een bedrijf in het centrum van Istanbul. Tijdens het sollicitatiegesprek had ik zwaar uitgepakt met mijn zogenaamde beroepsopleiding en de uitgebreide werkervaring in Roemenië. Die argumenten waren blijkbaar doorslaggevend, want ik kon meteen aan de slag. In het begin keek ik de kat uit de boom. Gelukkig nam een vriendelijke en ervaren collega mij onder zijn hoede. Ik leerde snel en na enkele weken kon ik de meest voorkomende technische problemen alleen aan. Mijn baas was tevreden over de kwaliteit van mijn werk. Hij stuurde me zelfs naar andere steden. In opdracht van Nissan deed ik herstellingen aan elektrische bedradingen. Dankzij Nissan kwam ik onder andere in Izmir, Antalya, Bursa en Ankara terecht. Mijn reis- en hotelkosten werden door mijn werkgever betaald.'

Steekpartij in een theesalon

Irinel Gurau: 'Turkije is een prachtig land met vriendelijke mensen. Toch had ik na een verblijf van meer dan een jaar nog steeds veel moeite met de Turkse mentaliteit. Ik was nog steeds niet vertrouwd met bepaalde gebruiken. Mijn onwetendheid leidde een keer tot zware problemen. Samen met een vriend had ik in een winkel een flesje bier gekocht. We besloten dat in een klein theehuis op te drinken. Dat leek ons gezelliger dan op straat. We dronken eerst een glaasje Turkse thee en vervolgens maakten we het flesje bier open. De eigenaar van de zaak werd razend. In een islamitisch land is het ongepast om in een theehuis alcoholische dranken te nuttigen. Dat wisten wij op dat ogenblik niet. De man begon heel luid op ons te schelden. Een aantal andere cafégasten en nieuwsgierige voorbijgangers kwamen zich met de zaak bemoeien. We werden geslagen. Plotseling haalden twee driftkikkers een zakmes boven. Mijn vriend en ik werden verschillende keren gestoken. We zijn er met veel moeite in geslaagd naar buiten te rennen. Mijn T-shirt was rood van het bloed.'

Irinel trekt zijn T-shirt uit en toont me het opvallende litteken dat van zijn linkerschouder over zijn borst tot aan zijn linkerzij loopt.

Irinel Gurau: 'Gelukkig was de wonde niet diep. Een vriend heeft me verzorgd en de wonde verbonden.

De baas van het elektriciteitsbedrijf werd steeds veeleisender. De vriendelijkheid van de eerste weken was verdwenen. De man schreeuwde voortdurend dat het werk nog sneller en beter moest gebeuren. Daarom ben ik er weggegaan. Ik was het voortdurende gezeur en de toenemende druk zat.

In september 2002 vond ik werk als installateur van sanitaire voorzieningen. Na enkele maanden werd ik verkoper in de winkel van de zaak. Na mijn werk ging ik vaak uit met Fatich, een jonge Turk met wie ik het heel goed kon vinden. Fatich had het financieel veel beter dan ik en daarom betaalde hij mijn eten en onze drankjes. Achteraf beschouwd was 2003 een mooi jaar. Ik deed mijn werk graag en ik had vele vrienden. Al bij al was ik betrekkelijk gelukkig. Het was een rustgevende periode in mijn leven.'

Tien dagen tussen het behangpapier

Irinel Gurau: 'Begin 2004 leerde ik een Turkse jongen kennen. Hakan pakte vaak uit met straffe verhalen over zijn familie die in Duitsland woonde. Hij spiegelde me een schitterende toekomst in West-Europa voor. Ik heb enkele weken over Hakans verhalen nagedacht. Uiteindelijk besloot ik dat ik deze kans op duurzame rust en een zekere toekomst met beide handen moest grijpen.

Hakan nam me mee naar een truckerscafé. Daar stelde hij me aan een vrachtwagenchauffeur voor. De man was bereid me op een van zijn volgende transporten naar België te brengen. Volgens hem was België een prachtig land waar ik heel zeker gelukkig zou worden. Daarna onderhandelden we over de prijs van mijn enkele reis. Voor tweeduizend euro wou de chauffeur het risico wel nemen. Tweeduizend euro was precies het bedrag dat ik door jaren hard werken en zuinig leven had gespaard.

Op donderdag 26 februari 2004 verstopte de chauffeur me tussen zijn lading behangpapier. Ik had vooraf wat brood en enkele flesjes water gekocht. De chauffeur benadrukte dat ik heel stil moest zijn en onder geen beding mijn schuilplaats mocht verlaten. Dat was trouwens niet eens mogelijk.

De reis naar Europa heeft tien volle dagen geduurd. Mijn zeventiende verjaardag vierde ik met een homp brood en een slok brak water, terwijl de truck door Italië, Duitsland of Frankrijk reed. Mijn behoefte deed ik in een plasticzakje. Al mijn kleren had ik over elkaar aangetrokken. Het was buiten ontzettend koud. Gelukkig kon ik ook van de warmte van de motor profiteren.

Onderweg heeft de chauffeur me niet één keer laten uitstappen. Dat kon ook niet. Ik zat namelijk helemaal achterin. Tussen mij en het plasticzeil zaten stapels dozen met behangpapier. Gelukkig zat ik niet in een metalen transportcontainer. In dat geval was ik onderweg zeker gestikt.

Bij elke tussenstop vroeg ik me af in welk land we waren. Ik had heel veel tijd om na te denken. Ik was bang en gespannen maar ook razend nieuwsgierig naar mijn nieuwe land.'

Om kwart voor acht besluiten we Irinels verhaal te onderbreken. We haastten ons naar de Menenpoort om de Last Post bij te wonen. We zijn niet alleen. Honderden Engelse en Franse toeristen wachten rustig op het laatste eerbetoon aan alle gesneuvelde soldaten van de

Grote Oorlog. Om acht uur stipt stellen drie klaroenblazers zich op. Het wordt muisstil. Het dagelijks weerkerende ritueel maakt op mij een grote indruk. Ik vind het groots en ontroerend in zijn soberheid. Het valt mij op dat een aantal omstanders zachtjes huilen.

We besluiten de avond in café De Vage Belofte, waar Irinel doorgaans de zaterdagavond met een aantal vrienden doorbrengt.

Dinsdag 27 juli 2004

Irinel gedraagt zich totaal anders dan de voorbije dagen. Tamelijk tegen zijn zin gaat hij met mij mee. In de auto vraagt hij of ik muziek wil opzetten. Op weg naar het stadscentrum zeggen we geen woord. Ik heb de indruk dat Irinel iets voor mij verzwijgt. Misschien gist het gesprek van gisteren nog na. In ieder geval heeft hij vandaag weinig zin om met mij te praten. We wandelen door het stadspark en gaan op een bank in de schaduw zitten. Het gesprek komt moeizaam op gang.

Op de dool in België

Irinel Gurau: 'Op dinsdag 9 maart 2004 liet de vrachtwagenchauffeur me op een parkeerterrein naast de autosnelweg uitstappen. Hij zei me dat we in de buurt van Brugge waren, een stad in België. Hij raadde me aan naar het treinstation te gaan. Ik heb de weg te voet afgelegd. Drie dagen heb ik in de buurt van het station rondgehangen. Ik had geen geld om eten te kopen en ik wist niet wat ik moest doen. Mijn honger probeerde ik te stillen met de vier koekjes die ik nog over had van mijn reis in de vrachtwagen. Als de buikpijn te erg werd, nam ik er heel voorzichtig een minihapje van. De eerste drie dagen heb ik niets anders gegeten of gedronken. Ik voelde me eenzaam en beroerd. Ik was erg ontgoocheld en bang. In het station van Brugge probeerde ik gewone vreemdelingen van toeristen te onderscheiden. Ik slaagde er niet in. In de vroege namiddag van 11 maart nam ik de trein naar Brussel. Omdat ik geen kaartje had, werd ik in Gent Sint-Pieters van de trein gezet. De conducteur leverde me over aan de politie. Die stelde me heel veel vragen en legde me de betekenis van het woord asiel uit. Na het verhoor bracht de politie me naar het opvangcentrum van het Rode Kruis in Deinze. In het centrum zaten mensen van over de hele wereld die net in België waren aangekomen. Een medewerker van het centrum legde me in het kort de asielprocedure uit en verwees me door naar de Dienst Vreemdelingenzaken. De volgende dag kreeg ik een treinkaartje waarmee ik naar Brussel-Noord spoorde om mij bij DVZ te laten registreren.'

Neder-over-Heembeek

Irinel Gurau: 'Na mijn aanmelding op de Dienst Vreemdelingenzaken werd ik naar een grote wachtruimte gestuurd. Ruim acht uur later werd eindelijk mijn naam afgeroepen. Nadat ze mijn vingerafdrukken hadden genomen volgde er een kort longonderzoek.

Om vijf uur stond ik weer buiten met een busticket en een plannetje met de wegbeschrijving naar het militaire hospitaal van Neder-over-Heembeek.

Daar kreeg ik een aantal documenten, wasgerief en een bed. Ik ben ongeveer een week in Neder-over-Heembeek gebleven. Het was er allesbehalve leuk.

Op 19 maart werd ik aangeklampt door een gedrogeerde Albanees. Er waren al vaker problemen geweest met die jongen. Hij sloeg andere bewoners in het centrum en intimideerde iedereen. Volgens mij was hij voortdurend onder invloed van marihuana. Als hij weer te veel gerookt had of net zonder stuf zat, werd hij heel agressief en bedreigde hij anderen met een mes. Bijna dagelijks moest de politie bij een of andere uit de hand gelopen vechtpartij ingrijpen. De negatieve stress waaraan de meeste asielzoekers leden zorgde vaak voor een gespannen, bijna explosieve sfeer. Logisch ook, want in Neder-over-Heembeek was er duidelijk te weinig ruimte voor te veel mensen. In elke kamer sliepen we met zijn vijven of zijn zessen!'

Botscan

Irinel Gurau: 'Op maandag 22 maart werd ik door DVZ opgeroepen voor het eerste interview. Daar vernam ik dat het geplande gesprek die dag niet kon doorgaan omdat er geen Roemeense tolk beschikbaar was. Ik moest twee dagen later terugkomen. Wel werd ik meteen toegewezen aan De Lier, het asielcentrum voor niet-begeleide minderjarige asielzoekers waar ik op dit ogenblik verblijf. Begeleidster Fien is me op DVZ komen afhalen.

Twee dagen later meldde ik me opnieuw in Brussel aan. Om halfelf werd ik samen met drie andere jongeren naar een ziekenhuis in Brussel gebracht. Daar werd van ons een botscan genomen. Later vernam ik dat men dit deed om mijn precieze leeftijd te achterhalen. Ik heb helemaal geen vertrouwen in zo'n toestel. Enkele uren later werd mij kortweg meegedeeld dat uit het onderzoek was gebleken dat ik minstens negentien jaar oud was. Ongelooflijk! Ik was net zeventien geworden!

Enkele dagen later vond eindelijk het eerste interview plaats. Het gesprek verliep in het Engels en het Roemeens. De man die me ondervroeg confronteerde mij met de resultaten van de botscan. Hij zei dat ik er veel te gespierd uitzag voor een jongen van zeventien. Ik legde hem uit dat ik heel sterk ben voor mijn leeftijd, omdat ik al sedert mijn twaalfde zware handenarbeid verrichtte.'

Irinel trekt de mouwen van T-shirt omhoog. Trots rolt hij met zijn spierballen. Daarna toont hij mij zijn gespierde borstkas.

Irinel Gurau: 'Ik weet zeker dat de man me niet geloofde. Natuurlijk begrijp ik dat men zekerheid wil, maar het gaat me toch allemaal een beetje te ver. Ik moet me voortdurend bewijzen. Voor het minste heb je in dit land een schriftelijk bewijs nodig.

Daarna volgden een heleboel vragen. In een uurtje tijd werd mijn hele levensloop doorgenomen. Op sommige pietluttigheden kon ik geen antwoord geven. Na het interview moest ik opnieuw in de wachtzaal plaatsnemen. Twee uur later werd mij de eerste negatieve beslissing meegedeeld. Volgens de bijlage zijn er geen politieke redenen waardoor ik gedwongen was mijn land te verlaten. En omdat de redenen van mijn asielaanvraag van persoonlijke aard zijn is mijn leven strikt genomen niet in gevaar en heb ik het recht niet om in België te verblijven.

Ik was erg ontgoocheld. Mijn hele leven heb ik rondgezworven. Ik ben alleen op zoek naar een rustig bestaan en de mogelijkheid om ergens een toekomst uit te bouwen. Waar moet ik naartoe als ik word uitgewezen? Naar Moldavië waar ik geen enkel familielid heb? Naar Roemenië of Turkije waar ik illegaal aan het werk moet? Mag ik mijn geluk niet ergens anders gaan zoeken?'

De Lier

Irinel Gurau: 'Ik ben ongeveer vier maanden in De Lier. Op dit ogenblik wonen hier zestien jongeren uit Afghanistan, Rusland, Kongo, Burundi, Guinee, Angola en Moldavië. Met de meesten kan ik goed opschieten. Maxim uit Rusland en Rachelle uit Kongo zijn hier mijn beste vrienden.

Het leven in het centrum is niet gemakkelijk. De begeleiders zijn best aardig, maar ik heb het moeilijk met de vele huisregels waaraan ik me voortdurend moet aanpassen. Eigenlijk heb ik geen kindertijd gehad. Ik heb er al een lange loopbaan opzitten, terwijl ik nog maar zeventien ben. Hier word ik voor het eerst in mijn leven als een 'opgroeiende minderjarige' behandeld.

Tijdens het schooljaar heb ik er minder last van dan nu. Ik volg Nederlands voor anderstaligen in de onthaalklas van de middenschool van Wervik. Ik doe mijn best om zo snel mogelijk Nederlands te leren. Ik ga graag naar school.

De voorbije weken heb ik me niet zo goed gevoeld. De meeste jongeren zijn geregeld voor enkele dagen of weken weg, terwijl ik hier dan achterblijf. Ik ben wel heel tevreden dat ik mijn eigen slaapkamer heb.

's Zaterdags mag ik uitgaan. Ik ga meestal naar het jongerencafé waar we gisteren wat hebben gedronken. Elke week krijg ik vijf euro zakgeld.

Ik probeer zo weinig mogelijk over mijn toekomst na te denken. Ik wil er echt niet over praten. Waarschijnlijk ga ik in september terug naar school. Misschien word ik lid van een voetbalploeg in de buurt. Heel misschien. Als ik hier dan nog ben. September is nog ver weg. Er kan nog van alles gebeuren. Ik weet alleen zeker dat het vandaag 27 juli 2004 is en dat ik vandaag dus precies zeventien jaar en vijf maanden oud ben. Dat is de enige zekerheid die ik momenteel heb.'

Na het gesprek stel ik voor samen ergens een hapje te gaan eten.

Irinel heeft er geen zin in.

Ik vraag hem zonder omwegen of hij boos is op mij.

'Ik ben niet boos op jou,' benadrukt hij.

'Waarom verzwijg je dan sommige dingen? Waarom mag ik niets schrijven over je vriendinnetje in Bacau?'

'Wanneer wordt mijn verhaal gepubliceerd?' vraagt Irinel.

'In maart of april 2005.'

'Dan ben ik al lang weg,' zegt Irinel. En na een korte pauze: 'Goed, dan. Ik zal je alles over haar vertellen. Maar daarna breng je me meteen naar De Lier.'

Adina uit Bacau

Irinel Gurau: 'Toen ik veertien was en in Bacau verbleef, leerde ik een knap meisje kennen. Adina was twee jaar ouder dan ik. Ze studeerde aan het Lyceum te Bacau. Adina was net als ik van Moldavische afkomst, maar ze woonde en studeerde al enkele jaren in Roemenië. Wij voelden ons heel erg tot elkaar aangetrokken. We trachtten zoveel mogelijk tijd samen door te brengen.

Enkele weken na onze kennismaking moest ik Bacau verlaten omdat ik er geen werk vond. Adina zei dat ze van me hield en dat ze me ieder weekend in Boekarest zou komen opzoeken. Dat deed ze ook. Elke vrijdagavond nam ze de trein naar de hoofdstad. Acht maanden lang zijn we elk weekend samen geweest. We waren stapelverliefd op elkaar.

Toen ik naar Turkije vertrok hebben we elkaar een maand lang niet meer gezien. Ik werkte heel hard zodat ik haar geld kon opsturen om mij te komen opzoeken. Vijf weken later kon ik haar tweehonderd euro bezorgen. Adina reisde met een Turkse reisbus naar Istanbul. We zijn één week samen geweest. Daarna moest ze terug naar school in Bacau.'

Bedreigingen

Irinel Gurau: 'Enkele weken voor mijn vertrek naar Europa, is Adina me nog eens komen opzoeken. Ze bracht me een omslag met 1200 euro. Dat geld had ze geleend zodat ik mijn reis kon betalen. Boven op het afgesproken bedrag van 2000 euro eiste de chauffeur een extra "risicopremie" van 1200 euro. Anders zou hij me niet meenemen. Ik beloofde Adina dat ik haar het geld zo snel mogelijk zou terugbetalen.

Sedert mijn aankomst in België bel ik bijna wekelijks met haar. Twee weken geleden had ik een radeloze Adina aan de lijn. Haar geldschieter eiste dat ze het geleende bedrag uiterlijk voor de laatste dag van augustus terugbetaalde. Bovendien werd Adina bedreigd. Indien ze het geld niet had, zou ze gedwongen worden zich te prostitueren om de lening terug te betalen. Adina is heel bang. De man van wie ze het geld leende is heel machtig in Bacau en omstreken.

Begrijp je nu waarom ik vandaag zo stil was? Ik voel me belabberd omdat ik aldoor aan Adina moet denken. Ik voel me machteloos. Hoe kan ik haar terugbetalen? Ik vind geen baantje om dat geld snel te verdienen. Ik mag immers niet werken! Dat alles spookt voortdurend door mijn hoofd. Daarom weet ik niet zeker of ik in september nog in Ieper zal zijn.'

Zoals beloofd breng ik Irinel meteen naar De Lier. Buiten praat ik een hele tijd met Pepijn, een van de assistenten van het centrum. Ik vertel hem dat ik erg geschrokken ben van Irinels gewijzigde houding. Pepijn vertrouwt me toe dat Irinel de laatste tijd steeds vaker aan sterk wisselende stemmingen onderhevig is.

Ik heb het gevoel dat Irinel als geen ander de uitzichtloosheid van zijn situatie beseft. Misschien heb ik de laatste dagen te dicht op zijn huid gezeten. Te veel aandacht in één keer? Een te grote focus op een moeilijke levensloop? Een overdosis interesse voor een jongeman die geleerd heeft dat hij zijn lot nooit te lang aan iemand mag verbinden?

Vanavond heeft Irinel niet alleen zijn verleden losgelaten. Hij kapt ook duidelijk met mij. Als ik 's avonds wegga, krijg ik een droge handdruk. Irinel kijkt me nog even recht in de ogen. Dan verschijnt er een flauwe glimlach.

'Kom je morgen nog even gedag zeggen voor je weer naar Limburg vertrekt?'

Ik beloof het.

Donderdag 28 juli 2004

Ik tref een opvallend zwijgzame Irinel in de keuken van het centrum. Hij knikt even, geeft me een hand en loopt dan gewoon verder. Alles is gezegd. Irinel heeft een beslissing genomen. Volgens mij wil hij zo snel mogelijk uit het centrum weg.

Begeleidster Fien schrikt niet eens als ik over mijn vermoedens vertel. Irinel spreekt al een maand over weggaan. Soms wil hij alleen weg, dan weer probeert hij zijn vriend Maxim over te halen met hem mee te gaan.

Maandag 2 augustus 2004

Telefoon om 11u40.

Irinel.

Hij heeft ruzie gehad in het centrum.

Vandaag gaat hij weg uit De Lier.

Straks vertrekt hij naar DVZ in Brussel.

Irinel wenst me veel succes met mijn boek.

Ik wens hem veel succes met zijn leven.

RADIATION
Police
Police de la Navigation
ECS
WWW.ECS.BE
45
VOLVO
VOLVO
www.tracto.be

DAGZAAL V
LINKER KANT
RECHTER KANT
INTAKE
ZATERDAG
ZONDAG
MAANDAG V

SCOTT

BEN LADEN
VIVE LE TERRORISME
TÉRRÔRISME
ALGERIE
EL-QUAÏDA

5
3

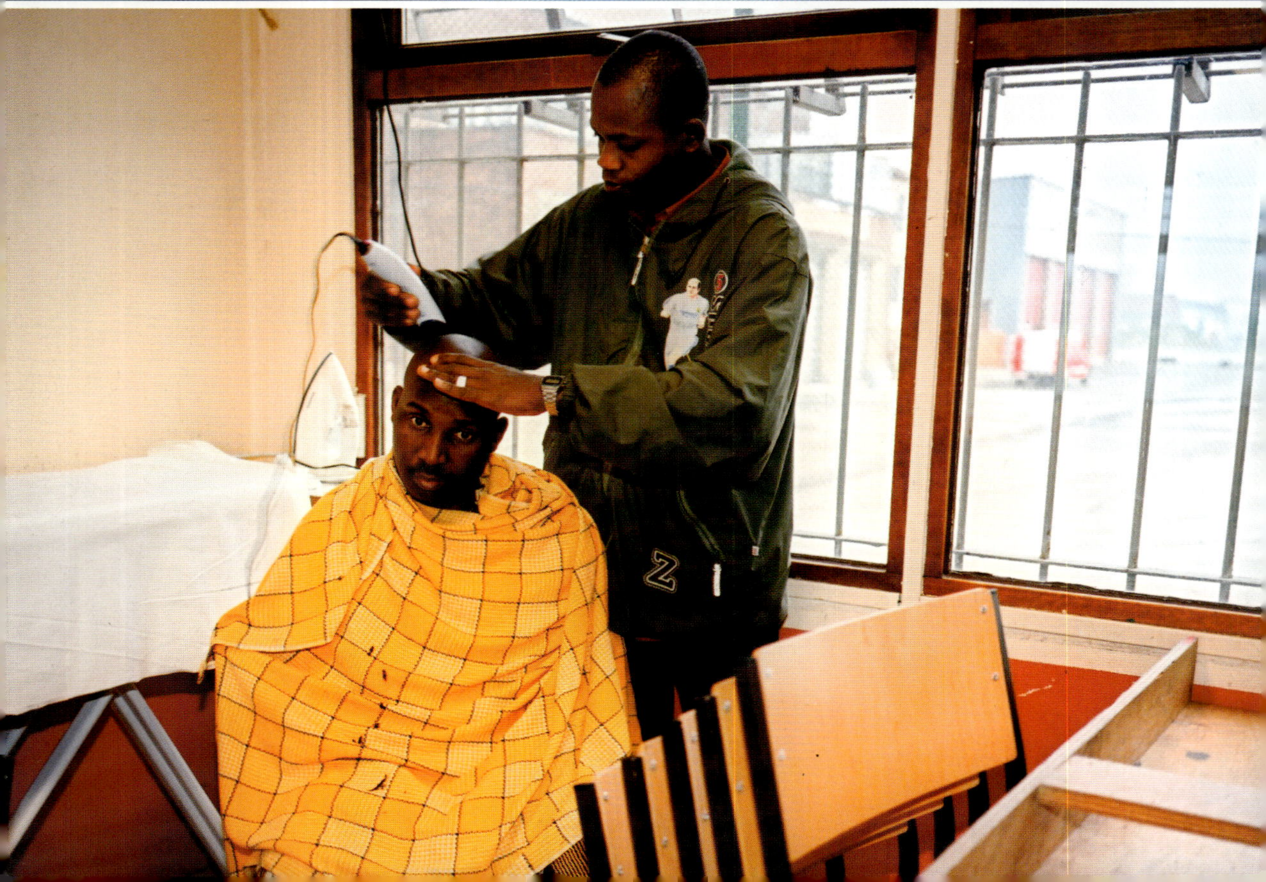

Pag. 105: Transitcentrum 127 in Melsbroek.
Pag. 106, boven: Met een scanmobiel controleert de scheepvaartpolitie van Zeebrugge vrachtwagens op weg naar Engeland op de aanwezigheid van verstekelingen.
Pag. 106, onder: Bewakingskamer in het gesloten centrum voor illegalen te Merksplas.
Pag. 107, boven: Transitcentrum 127 in Melsbroek.
Pag. 107, onder: Isolatiecel in het gesloten centrum voor illegalen te Merksplas.
Pag. 108-109: Slaapzaal in het gesloten centrum voor illegalen te Merksplas.
Pag. 110, boven: Vier Afghaanse asielzoekers werden opgepakt tijdens een poging om, verstopt in een vrachtwagen, naar Engeland te varen. De scheepvaartpolitie van Zeebrugge vangt hen op tot de Dienst Vreemdelingenzaken beslist wat er met hen moet gebeuren.
Pag. 110, onder: Erkend vluchteling laat zich scheren alvorens het Transitcentrum 127 in Melsbroek te verlaten.
Pag. 111, boven: Biddende Kongolese vrouwen in Transitcentrum 127 in Melsbroek.
Pag. 111, onder: Transitcentrum 127 in Melsbroek ligt naast de landingsbaan van de luchthaven van Zaventem.
Pag. 112: Een Afrikaanse man verlaat Transitcentrum 127 in Melsbroek nadat zijn asielaanvraag ontvankelijk werd verklaard.

VERKEERDE TIJD, VERKEERDE PLAATS

Bart Demyttenaere

Suzanne

Geluwe, 16 mei 1958

Dertig jaar.
Dertig jaar geleden zijn we getrouwd.
Leon en ik.
Elf kinderen hebben we gekregen.
Zeven jongens en vier meisjes.
Rose-Anne is de deur uit.
Jozef zit in Congo.
Annie, Maria en André zijn aan het werk.
De anderen gaan naar school en worden ook groot.
Het wordt eindelijk rustiger.
Leon werkt dag en nacht op het vlasbedrijf.
En daarnaast is hij ook nog Eerste Schepen.
Ik hoop dat hij vanavond vroeger thuis is.
Dat de gemeenteraad weer niet uitloopt.
Hij heeft het mij beloofd.

Fernande

Beringen, 7 september 1954

Het is vandaag tien jaar geleden dat Julien gestorven is.
Tijdens de bevrijding van Beringen.
Doodgeschoten door vluchtende Duitsers.
Zomaar. Zonder reden.
Mijn oudste dochter Ria was toen negen jaar.
Greet was zeven, Ivo vier en Elske nog maar drie.
Zo jong nog en dan al zonder vader.

Het is niet gemakkelijk zonder Julien.
Julien regelde alles.
Hij was leraar in de vakschool.
En schrijver ook!
Zijn boek 'Het ezelsbrugsken' wordt
nog altijd op school gebruikt.
Gelukkig doet de sigarenwinkel het goed.
Goed genoeg om van te kunnen leven
en de studies van de kinderen te betalen.

Pat Ayoma (portret Dieter Telemans)

DE KAPSTER UIT NIGERIA

Maandag 5 juli 2004

De vijfde vluchteling die ik zou spreken zou aan mij worden geïntroduceerd door de diensten van het OCMW van de stad Antwerpen. De grootste stad van Vlaanderen is een smeltkroes van culturen. Geschikte kandidaten in overvloed... Maar dat bleek niet het geval te zijn.
Een van de medewerkers van Sociaal Centrum Plein in Berchem gaf me via e-mail volgende verklaring:

'Het blijkt niet eenvoudig te zijn om kandidaten te vinden die gemotiveerd kunnen worden om mee te werken aan het project. Aanvankelijk hebben we ons beperkt tot het profiel dat werd gevraagd, nl. dat van een Kongolese vrouw. De potentiële kandidaten hadden geen interesse en waren nogal wantrouwig t.a.v. dit voorstel. Waarschijnlijk heeft dit te maken met het feit dat de maatschappelijke werkers van Sociaal Centrum Plein ieder tussen de 150 à 200 klantsituaties moeten opvolgen, waarbij ze tijdens de maandelijkse afspraak in de meeste gevallen slechts twintig minuten per klant kunnen vrijmaken. Bovendien staan deze korte gesprekken gedeeltelijk in functie van het bespreken en opvolgen van de voorwaarden voor maandelijkse uitkeringen en activeringen.'

De diensten van het Antwerpse OCMW zijn overvraagd. Er leven wel degelijk heel wat asielzoekers en vluchtelingen op Antwerps grondgebied, maar het ontbreekt de maatschappelijke werkers aan tijd om een geschikte persoon te benaderen.

Uiteindelijk word ik op maandag 5 juli 2004 in Berchem voorgesteld aan Pat Ayoma, een jonge vrouw van Nigeriaanse origine die sedert juni 2001 in België verblijft.

De eerste kennismaking verloopt voorzichtig positief. Tot mijn grote verbazing geeft Pat de voorkeur aan een gesprek in het Nederlands, aangevuld met brokken Engels. De cursus Maatschappelijke Integratie en de drie intensieve cursussen Nederlands hebben hun vruchten afgeworpen. Ik ontmoet een Nigeriaans meisje dat bijna correct Nederlands spreekt!

Pat Ayoma wil graag meewerken. Zonder reserves en zonder angst voor de eventuele gevolgen van haar publieke getuigenis. Ze wil ook op de foto. We spreken af dat ik eind juli een heel weekend met haar doorbreng. In de week kan ze zich moeilijk vrijmaken. Pat heeft net de cursus Professionele Schoonmaaktechnieken van de VDAB gevolgd en heeft een voltijdse baan gevonden in de kringloopwinkel.

Zaterdag 31 juli 2004

Pat Ayoma woont in Borgerhout, op vijf minuutjes lopen van de bushalte. De studio in de Vlagstraat is eenvoudig, maar opvallend schoon. Hier woont een professionele poetsvrouw.

Pat stelt me voor aan Mario, haar Togolese vriend. Mario serveert thee en trekt zich daarna discreet in de keuken terug.

Dokter of advocaat

Pat Ayoma: 'Ik ben op 18 november 1979 in Nigeria geboren. Over enkele maanden word ik dus vijfentwintig jaar. Ik was de jongste van vier kinderen, twee meisjes en twee jongens. Tot voor kort werkte mijn vader als bewaker op het terrein van een grote Guinness-brouwerij in Benin-City, een grote stad ten westen van de hoofdstad Lagos. Enkele weken geleden vernam ik dat papa niet meer in staat is zijn werk uit te oefenen. Hij is momenteel erg ziek. Verschrikkelijke oorpijnen maken hem gek.

Mama drijft op de markt een eenvoudig handeltje in groenten en fruit. Van het beetje geld dat ze daarmee verdient, moeten mijn ouders rondkomen. Mama en papa hebben het heel moeilijk. Mijn ouders behoren tot de lagere klasse in Nigeria.

Als klein meisje droomde ik van een mooie toekomst als dokter of advocaat! Mijn ouders hebben zich veel ontzegd om hun kinderen te kunnen laten studeren. Door de hoge studiekosten was er geen geld voor een cadeautje of iets extra. Het schoolgeld kregen ze soms slechts met veel moeite betaald. Ik denk zelfs dat mijn ouders soms minder aten om op die manier meer geld over te houden voor onze studie. Onderwijs was thuis de belangrijkste prioriteit. Mijn ouders zagen in dat een goede scholing de enige manier is om vooruitgang te maken in het leven.

Maar ondanks alle besparingen konden mama en papa de hoge rekeningen niet langer betalen. Dat is de reden waarom mijn broers hun opleiding niet konden voltooien. Noodgedwongen moesten ze al op jonge leeftijd gaan werken.

Ik heb doorgezet. Na de lagere school heb ik vijf jaren van het secundair onderwijs afgemaakt. Ik was met glans geslaagd, maar wegens de slechte financiële toestand thuis moest ook ik met school kappen. Mama en papa konden de dure schoolboeken en alle andere basisbenodigdheden niet meer betalen. Ik had begrip voor de situatie van mijn ouders, maar ik vond het verschrikkelijk. Van de ene op de andere dag werden mijn dromen stukgeslagen. Ik vond dat mijn leven niets meer voorstelde. Ik was depressief en hing maar wat verloren rond.'

Moeder van een tweeling

Pat Ayoma: 'In die periode leerde ik Benedict kennen. Hij was mijn eerste vriendje. Twee keer per week gingen we stiekem samen uit. De eerste maanden heb ik onze relatie heel goed voor mijn ouders verborgen kunnen houden. Mama en papa waren namelijk bijzonder principiële mensen. Ze vonden dat ik niet oud genoeg was om al met jongens op te trekken.

Maar ik hield veel van Benedict. Hij was een gewone jongen die voor zijn leeftijd veel maturiteit uitstraalde. Hij kwam heel zorgzaam over en ik had in die moeilijke periode meer dan ooit een grote behoefte aan warmte en bekommering.

Op mijn zeventiende werd ik zwanger van Benedict. Ik was er helemaal niet gelukkig mee en mijn ouders ook niet. Na de geboorte van mijn tweeling veranderde er gelukkig veel in de houding van de anderen. Sylvester en Esther werden snel door iedereen aanvaard. Bijna iedereen, want Benedict had in de eerste maanden van mijn zwangerschap herhaaldelijk op een abortus aangedrongen. Voor mij was die optie onbespreekbaar.

Na de bevalling wilde Benedict met me trouwen, maar dat zag ik niet meer zitten. Hoe kon hij immers een goede vader worden van de kindjes die hij eerst had willen laten weghalen? Ik wou hem niet meer zien. Hij mocht zijn kinderen altijd komen opzoeken, maar dat heeft hij nooit gedaan. Esther en Sylvester interesseerden hem gewoon niet. Daarnaast had hij niet de financiële mogelijkheden om voor de kindjes te zorgen. Wellicht heeft dat ook meegespeeld in zijn beslissing om definitief afstand te doen van zijn vaderlijke rechten.'

Kapster

Pat Ayoma: 'Mijn ouders hebben de eerste jaren veel voor mijn kindjes gezorgd. Ik wilde namelijk zo snel mogelijk een diploma behalen. Daarom heb ik in 1999 een beroepsopleiding voor kapster gevolgd. In het begin was ik er niet gelukkig mee, maar na enkele maanden heb ik me definitief met mijn veranderde toekomstbeeld kunnen verzoenen. Ik zou nooit dokter of advocaat worden, maar wel een hele goede kapster.

Na de basisopleiding moest ik twee jaar stage lopen in een groot kapsalon in Benin-City. Ik werd in die periode niet betaald. Dat was normaal. In Nigeria wordt de stage beschouwd als een belangrijke kans om het vak grondig te leren.

In 2001 kreeg ik mijn diploma. Ik heb lang naar werk gezocht, maar er waren in Nigeria op dat ogenblik blijkbaar meer werkloze kapsters dan vacatures in kapsalons. Daarom besloot ik het maar als zelfstandige te proberen. Voor een symbolische prijs kapte ik de haren van alle kennissen en familieleden. Ik verdiende te weinig om van te kunnen leven. Daarnaast was het niet gemakkelijk om mijn werk te combineren met de zorg voor mijn kinderen. Gelukkig was mijn hele familie dol op Esther en Sylvester Het begrip *familie* moet je volgens Afrikaanse normen heel ruim interpreteren! Men stond eigenlijk in de rij om met de kleintjes te gaan wandelen of even op hen te passen. Oppas was er dus genoeg, maar geld voor babyvoedsel en kleding zelden. Ik was heel gefrustreerd toen ik op een keer de basisinentingen voor mijn kleintjes in het ziekenhuis niet kon betalen.

Esther was een moeilijke baby. Af en toe kreeg ze zware hoestaanvallen. Het was soms zo erg dat we allemaal dachten dat ze zou stikken. Op zulke momenten voelde ik me machteloos. Het is heel erg als je dan niet met je kindje in een ziekenhuis terecht kunt omdat je de opname en de verzorging niet kunt betalen. Gelukkig is Sylvester kerngezond.'

Droomcarrière in het buitenland

Pat Ayoma: 'Op een middag in mei 2001 kwam er thuis een onbekende dame op bezoek. Ze vroeg of ik haar kapsel wou verzorgen. Tijdens de behandeling, stelde ze een heleboel persoonlijke vragen over mij en mijn kinderen. Ik zei haar dat het leven niet gemakkelijk was en dat ik te weinig klanten had om goed te kunnen leven. De vrouw leek bijzonder geïnteresseerd in alles wat ik vertelde. Toen ik klaar was prees ze me voor mijn vriendelijkheid en mijn kwaliteiten als kapster. Ze vond dat ik een beter leven verdiende en ze zou zeker informeren naar eventuele mogelijkheden om mijn leven en dat van mijn kinderen aangenamer te maken. Ineens werd ze heel erg enthousiast. Ze vertelde over een goede vriendin die een groot kapsalon in België runde. *Echt iets voor een natuurtalent zoals jij*, verzekerde ze me. De dame spiegelde me een prachtige, zorgeloze carrière voor. Ik zou behoorlijk goed betaald worden en een beter leven leiden dan in Nigeria. Uiteraard zou ik eerst enkele maanden alleen moeten blijven, maar ik zou in korte tijd genoeg geld verdienen om de kinderen te laten overkomen.

Ik luisterde aandachtig en beloofde dat ik eens goed over haar mooie voorstel zou nadenken. Het aanbod klonk aanlokkelijk. Veel tijd om na te denken, kreeg ik niet. De vrouw kwam me steeds vaker opzoeken. Telkens vroeg ze of ik al een beslissing had genomen. Ze benadrukte dat ik zo'n buitenkans niet kon laten liggen en dat er kandidaten genoeg waren, maar dat ze mij eerst de kans wou geven.

In juni heb ik uiteindelijk toegezegd. Ik had een grenzeloos vertrouwen in de dame. Geleidelijk aan werd ik ook steeds enthousiaster. Ik zou werken bij een van de meest gerenommeerde kappers van Europa!

Toen ik toegezegd had, haalde de dame een document uit haar handtas. Ze wees naar een plek onderaan en vroeg me om snel mijn handtekening te plaatsen. Ze zei dat het papier iets te maken had met mijn toekomstige arbeidscontract in België. In mijn geestdrift deed ik meteen wat ze van me vroeg zonder te beseffen wat ik precies ondertekende!

De vrouw was verrukt. Ze omhelsde me als haar eigen dochter. Ze zou zorgen voor een vliegticket en alle nodige visa. Ik moest haar alleen mijn paspoort bezorgen.

Aan mijn ouders vertelde ik niet wat ik van plan was. Ze zouden me immers nooit laten vertrekken. Achteraf heb ik me dat nog vaak beklaagd. Als ik mijn ouders had ingelicht, was mijn leven heel anders verlopen!'

Via Togo en Ghana naar Frankrijk

Pat Ayoma: 'In de vroege ochtend van 27 juli 2001 ben ik thuis weggegaan. Ik had mijn ouders verteld dat ik in Lagos een familielid ging opzoeken en pas 's avonds laat zou terugkomen. Op het marktplein van Benin-City nam ik de bus naar Lagos. Daar werd ik opgewacht door een man die me zou begeleiden tijdens mijn lange reis naar Europa.

In Lagos reisden we per bus door naar Lomé, de hoofdstad van Togo. De nacht van 27 op 28 juli brachten we in een eenvoudig hotel door. De volgende dag mocht ik de hotelkamer niet verlaten. Mijn begeleider was heel vriendelijk, maar hij liet me geen ogenblik alleen. In de namiddag bracht men ons een lekkere maaltijd. Ik kreeg ook een stel mooie kleren.

Op 29 juli namen we een taxi die ons rechtstreeks naar de luchthaven van de Ghanese hoofdstad Accra bracht. Daar stelde mijn begeleider me voor aan een andere Nigeriaanse man die zich tijdens de vlucht naar Europa over mij zou ontfermen. In Accra namen we de nachtvlucht van Air France naar Parijs. Op 30 juli 2001 zette ik voor het eerst voet op Europese bodem.

Na de formaliteiten in de luchthaven droeg mijn begeleider me over aan een andere man die in de aankomsthal op ons stond te wachten. Meteen na onze aankomst nam mijn nieuwe begeleider zijn gsm. Hij sprak slechts drie korte zinnen in het Bini, toevallig mijn moedertaal. Ze is aangekomen. Ik breng haar meteen. We nemen de trein.

Op dat ogenblik begon ik te twijfelen. Ineens vertrouwde ik de hele zaak niet meer. Mijn nieuwe "bewaker" probeerde me op mijn gemak te stellen. Hij zei dat hij me straks aan mijn nieuwe werkgeefster zou voorstellen.

In het Parijse Gare du Nord namen we de trein naar Antwerpen. Een taxi bracht ons meteen naar een huis in de Begijnenvest. Onderweg zei mijn begeleider dat ik dadelijk mijn arbeidsovereenkomst zou krijgen. Dat stelde me gerust.'

Oorlogsslachtoffer uit Soedan

Pat Ayoma: 'Toen we eindelijk op onze bestemming waren, werd ik voorgesteld aan een Nigeriaanse dame. Ik vond haar niet sympathiek. Ze behandelde me koel en uit de hoogte. Mijn reisbegeleider nam afscheid en liet me bij haar achter. Daarna bereidden we samen het avondmaal. Tijdens het koken probeerde ik met de vrouw een gesprek te voeren, maar ze had duidelijk geen zin in een uitgebreide babbel met mij. Op al mijn vragen kreeg ik een ontwijkend antwoord. Toen ik naar mijn toekomstige baan informeerde, antwoordde de vrouw dat die kwestie nog niet aan de orde was.

Eerst moest ik een officiële asielaanvraag indienen. De vrouw zei me dat ik de volgende ochtend meteen naar de Dienst Vreemdelingenzaken in Brussel moest gaan. Daar moest ik vertellen dat ik de Soedanese nationaliteit had en zonder papieren naar België was gevlucht. Mijn hele familie was in de bloedige burgeroorlog omgekomen en ik was de enige overlevende. Ik had geluk dat een onbekende blanke man medelijden met me had en me daarom naar Europa had helpen ontsnappen.

Ik begreep er niets van. Toen ik de vrouw vroeg waarom ik moest liegen, vertelde ze dat het de enige manier was om in België te kunnen blijven. Ik moest haar volledig vertrouwen en precies doen wat ze me opdroeg. Ik moest vooral ophouden met het stellen van vervelende vragen.'

Een blank begroetingsritueel

'De volgende ochtend bestelde de dame een taxi. Ze gaf de chauffeur opdracht me voor de ingang van DVZ in Brussel af te zetten. Daarna gaf ze me genoeg geld voor de terugreis naar Antwerpen.

Voor het hek van DVZ stond een lange rij mensen geduldig aan te schuiven. Eén voor één werden we binnengelaten. Toen het mijn beurt was, werd ik eerst gefotografeerd. Daarna moest ik mijn vingerafdrukken op een blad stempelen. Ik vond het heel bizar dat ik mijn vingers één voor één op een stempelkussen moest drukken. Ik had nog nooit van vingerafdrukken gehoord. Daarom besloot ik geen uitleg te vragen en alles gewoon te ondergaan. Op dat ogenblik dacht ik dat het stempelen een onderdeel van een eigenaardig blank verwelkomingsritueel was.

Daarna nam een man me mee naar een lokaal. Hij stelde me vragen. Zo goed als ik kon vertelde ik het verzonnen Soedanese verhaaltje. De man was vriendelijk maar ik vermoed dat hij meteen doorhad dat ik stond te liegen. Nog dezelfde dag kreeg ik een negatief antwoord met het schriftelijke bevel om binnen de vijf dagen het Belgische grondgebied te verlaten.

Dezelfde avond ben ik met de trein van Brussel naar Antwerpen teruggereisd. Daar nam ik een taxi naar het huis aan de Begijnenvest. Mijn hospita had me een adreskaartje meegegeven dat ik aan de taxichauffeur moest laten zien.

De vrouw stond me in de deuropening op te wachten. Ze vroeg naar de schriftelijke beslissing van DVZ. Met de papieren in de hand belde ze naar een advocaat. Ze gaf de man namens mij de opdracht om in beroep te gaan tegen de negatieve beslissing van DVZ. En dat was meteen de laatste keer dat ik zelf nog iets van mijn eigen asielprocedure hoorde.'

De schuldbekentenis

Pat Ayoma: 'Later op de avond vroeg de dame naar mijn toekomstplannen in België. Ik keek haar verbaasd aan. Toen ik haar vertelde dat ik in een hypermodern en trendy kapsalon ging werken, begon ze heel luid en vals te lachen. Ze noemde me dom en naïef. Daarna zei ze dat ik mijn kappersambities zeker in de verre toekomst zou kunnen waarmaken, maar dat zij verantwoordelijk was voor de nabije toekomst. Ik moest in de eerste plaats mijn dankbaarheid tonen aan de organisatie die mij de kans op een beter leven had gegeven. De eerste 45.000 euro die ik zou verdienen, moest ik aan "de organisatie" terugbetalen.

Ik wist niet meer wat ik daarvan moest denken. Ik snapte niet eens wat die vrouw bedoelde. Ze keek me seconden lang doordringend aan. Daarna toverde ze een brede glimlach op haar valse gezicht, terwijl ze me triomfantelijk een vel papier onder de neus duwde.

Hier! zei ze. Je eigen schuldbekentenis! Dit heb je toch zelf in Nigeria ondertekend. Je bent ons een heel bedrag schuldig en vanaf morgen ga je dat voor ons terugverdienen. In de prostitutie.

Toen ik mijn handtekening op het formulier herkende, ben ik luidkeels beginnen te huilen. Ik voelde me bedrogen en vernederd. Ik riep dat ik niet hierheen was gekomen om me te laten gebruiken. Dat ik geen hoer was. Allemaal vergeefse moeite. De vrouw zei doodkalm dat ik geen andere keuze had. Mijn paspoort en mijn Nigeriaanse identiteitskaart had ik immers niet teruggekregen. Ze verzekerde me dat ik zonder geldige papieren geen ander werk zou vinden. Bovendien benadrukte ze dat de Belgische politie vreemde meisjes zonder papieren heel streng behandelt. Ik moest het ook niet in mijn hoofd halen om weg te lopen, want blanke mannen waren onbetrouwbare racisten die Afrikaanse meisjes het leven zuur konden maken!

Haar argumenten maakten niet de minste indruk op mij. Omdat ik me bleef verzetten, maakte ze een grote scène. Daarna belde ze met haar gsm rechtstreeks naar Nigeria. Aan de leider van de bende vertelde ze dat ik weigerde mee te werken. Een half uur later werd ze zelf opgebeld. De organisatie had intussen enkele sterke jongens naar het huis van mijn ouders gestuurd. Ze maakten mijn ouders en mijn broers wijs dat ik hen had benaderd en geld voor een reis had geleend. Over prostitutie werd met geen woord gerept.

De vrouw dreigde ermee dat de bende mijn familie in Nigeria zou blijven intimideren totdat het hele bedrag terugbetaald was.

Ik was radeloos en in alle staten. Ik kon zelfs niet eens terug naar Nigeria vliegen, want ik had geld noch papieren. Door de dreigtelefoon besefte ik dat mama, papa, mijn zus, mijn broers en mijn kindjes Esther en Sylvester door mijn schuld in gevaar waren. Ik voelde me door en door slecht.'

Coleen van *Bar Eden*

Pat Ayoma: 'Nog dezelfde avond contacteerde de vrouw haar zogenaamde "vriend". Die regelde dat ik de volgende avond al in een meedrinkbar in Rumst aan de slag kon. Elke avond werd ik in Antwerpen opgehaald. 's Morgens bracht de baas me terug naar het huis aan de Begijnenvest. Daar sliep ik overdag op een bank. De vrouw gaf me ook een andere outfit. Uiteraard deed ze dat niet voor niets. De beroepskosten waren voor mijn rekening. Voor een enkele strakke jeans en drie eenvoudige topjes, rekende ze me duizend euro aan! Ook kost en inwoon werden me aangerekend...

In *Bar Eden* gaf men mij een andere roepnaam. De klanten mochten mij *Coleen* noemen. Ik verafschuw die naam. Coleen zal ik mijn hele leven blijven associëren met de smerigste periode van mijn leven.

Mijn taak bestond er voornamelijk in de klanten aan te zetten tot het drinken van champagne. Liefst heel veel champagne. De barhoudster en ik verdeelden de winst netjes in twee. Eén fles champagne kostte honderd euro; voor één glaasje moest de klant twintig euro neertellen.

De hele nacht werd ik door allerlei mannen bepoteld. Uitsluitend Belgische mannen, want mannen van vreemde origine werden in de bar niet binnengelaten. Ik moest de hele avond alles ondergaan en vooral de indruk geven dat ik me geweldig amuseerde. Walgelijk! Echt waar. Doorgaans probeerde ik die viespeuken zo dronken te krijgen dat ze zeker niet meer tot seks in staat waren. Dat is me een hele tijd gelukt.

Alles wat ik verdiende, werd bij mijn "thuiskomst" meteen afgenomen.'

Zondagdienst

Pat Ayoma: 'Op zondag was *Bar Eden* gesloten, maar een vrije dag was me niet gegund. 's Zondags moest ik van mijn hospita in het Schipperskwartier gaan werken. Die vreselijke vrouw vond dat het tijd was om mijn lichaam te gebruiken. De eerste keer gaf ze me een soort van rondleiding door de rosse buurt. Ik was heel erg gechoqueerd. Het kon dus nog veel erger. Halfnaakte meisjes zaten in etalages en jonge hoertjes ronselden klanten op straat. Ik kon me zelfs niet voorstellen dat zoiets bestond! Toen ik begon te huilen, zei mijn hospita dat ik me niet moest aanstellen. Ik moest niet denken dat ik het enige meisje was dat zo'n werk moest doen. Ook herinnerde ze me eraan dat ik de organisatie nog veel geld schuldig was en dat het geduld van de grote chef niet eindeloos was!

Na de rondleiding zette ze me voor de deur van café *Het Keteltje* in de Schippersstraat af. Tegen mijn zin ging ik binnen op een stoel zitten. Ik wist niet eens hoe ik aan dit "werk" moest beginnen. Ik huilde en was erg in de war. Gelukkig liet iedereen me die avond met rust.

Mijn hospita was razend toen ze vernam dat ik niets had verdiend. De druk op mijn familie in Nigeria werd meteen opgevoerd. Mijn ouders werden voortdurend bedreigd. Ook mijn zus en mijn broers waren nergens meer veilig.

Tot januari 2002 heb ik in *Bar Eden* gewerkt. Af en toe werd ik verplicht met mannen mee naar bed te gaan. Nadien voelde ik me vuil en gebruikt. Ik kokhalsde van mezelf.'

Een lange stilte. Pat kijkt dromerig naar een onbepaald punt op de muur. Dan vraagt ze me of ik nog meer details over deze periode wil horen. Ik zeg haar dat het niet nodig is. Ze haalt opgelucht adem. Haar leven in de gedwongen prostitutie ligt eindelijk achter haar en ze wil er liefst niet te veel meer aan denken. Zelfs de herinnering aan die tijd bezorgt haar buikpijn.

Hulp van Jan, Lilianne, Payoke en de politie

Pat Ayoma: 'In januari 2002 zag ik het allemaal niet meer zitten. Een vriend die merkte dat ik aan mijn eigen wanhoop ten onder ging, gaf me het telefoonnummer van een Belgisch koppel. Zij zouden mij misschien kunnen helpen. Ik heb enkele dagen getwijfeld voor ik durfde te bellen. Achteraf ben ik heel blij dat ik toch de moed heb gehad contact met hen op te nemen.

Jan en Lilianne namen me meteen in hun gezin op. Hun volwassen kinderen waren het huis uit en ze beschouwden mij meteen als hun nieuwe dochter. Ik kreeg een eigen slaapkamer en de sleutel van de voordeur.

Mijn gemene hospita maakte ik wijs dat ik voortaan dag en nacht zou werken. Dat vond zij natuurlijk een schitterend idee. Hoe meer geld ik verdiende hoe beter de organisatie ervan werd! Op die manier kreeg ik eindelijk een beetje ademruimte. Ik had tijd nodig om de dingen op een rijtje te zetten.

Overdag tippelde ik op straat en 's nachts sliep ik in het huis van Jan en Lilianne. Die dubbelsituatie heeft ongeveer twee maanden geduurd, maar het werd voor mij bijna onhoudbaar. Intussen bleven Jan en Lilianne erop aandringen dat ik klacht zou indienen bij de politie. Met veel moeite heeft Jan me ervan kunnen overtuigen dat de politie me geen kwaad zou doen. Ik was bang dat men mij zou opsluiten.

De politie in de Lange Nieuwstraat bracht me in contact met hun collega's in Wilrijk. Ondertussen hadden Jan en Lilianne me voorgesteld aan een medewerkster van Payoke. Ik mocht meteen naar een vluchthuis en moest niet meer gaan werken. Payoke bekommerde zich ook over mijn asielprocedure in Brussel.

De politie heeft het hele huis aan de Begijnenvest grondig uitgekamd, maar mijn hospita was tijdig kunnen ontkomen. Alle mogelijke sporen die haar of iemand van het netwerk van mensensmokkelaars konden verraden, had ze voor haar vlucht grondig uitgewist. Ik weet alleen dat ze momenteel ergens in Duitsland ondergedoken zit. De politie is nog steeds naar haar op zoek.

Ongeveer vier maanden heb ik in een vluchthuis van Payoke gewoond. Ik kan je niet vertellen waar dat huis precies ligt, want het adres moet geheim blijven in het belang van andere slachtoffers van mensenhandel. Ik kreeg eten, kleding en onderdak. Maar er was ineens veel te veel tijd om over alles na te denken. Om veiligheidsredenen durfde ik het huis niet te verlaten, maar binnen werd ik gek van verveling. Ik moest dringend iets om handen hebben.'

Erkend vluchteling

Pat Ayoma: 'Van Payoke kreeg ik elke week een beetje zakgeld. Met dat geld heb ik in april 2002 voor het eerst naar mijn familie in Nigeria kunnen telefoneren. Ik heb een hele tijd met mijn oudste broer kunnen praten. Ik was heel gelukkig zijn stem te horen, maar ik voelde me beroerd toen hij vertelde dat mijn ouders en de andere familieleden voortdurend onder druk werden gezet. Vooral mijn ouders konden de psychische druk niet meer aan. Ik heb mijn familie nooit willen kwetsen.

Tijdens mijn verblijf in het vluchthuis van Payoke heb ik mijn verhaal in kleine stukjes kunnen vertellen. Meestal kwam een politieman mij uitgebreid verhoren, maar soms werd ik zelf op het politiebureau van Wilrijk ontboden. Het waren pijnlijke momenten, maar na elk gesprek ervoer ik ook opluchting. Ik had ook sterk het gevoel dat de mensen van de politie me begrepen. De agenten van Wilrijk brachten mijn persoonlijk dossier in orde en ook dat van de rechtbank.

Mijn asielprocedure werd herbekeken. Ik moest mijn verhaal niet persoonlijk op de Dienst Vreemdelingenzaken gaan doen. Dat deden de politiemensen en de medewerkers van Payoke in mijn plaats. Ik ben hen daarvoor heel erg dankbaar.

In april 2002 werd mij een tijdelijke verblijfsvergunning voor een periode van drie maanden toegekend. Deze vergunning werd nadien verlengd tot zes maanden. Nu is mijn situatie geregulariseerd. Ik ben een erkend vluchteling die legaal in dit land mag wonen en werken.'

Op eigen benen

Pat Ayoma: 'In augustus 2002 had ik mijn eerste persoonlijke kennismaking met de diensten van het OCMW. De mensen van Payoke hadden voor mij in Borgerhout een betaalbare studio gevonden. Voor het eerst in mijn leven was ik volledig zelfstandig. Omdat ik legaal in dit land verbleef, had ik ook recht op een uitkering van het OCMW. Ik kreeg 589 euro per maand. Dat was net voldoende om de huur van de studio te betalen en eenvoudig te kunnen leven. Het is fantastisch dat er in dit land zoiets als het OCMW bestaat. Naast de financiële ondersteuning kon ik ook met al mijn andere vragen bij een assistent terecht. Dankzij het OCMW kon ik destijds leven, wonen én studeren zonder me voortdurend zorgen te moeten maken.'

Op een subtiele manier maakt Pat me duidelijk dat het genoeg is voor vandaag. Ze zegt dat ze vanavond met haar vriend Mario een hapje gaat eten in een Afrikaans restaurant in de buurt van het station. Omdat ze hele dagen werkt, klaagt haar vriend wel eens dat ze te weinig tijd voor hem heeft. Ze moet zich nog wassen en dringend een broek strijken. Ik heb de hint begrepen en wandel terug naar mijn hotel.

Zondag 1 augustus 2004

Als ik om twaalf uur 's middags aanbel, is Pat bijna klaar met de wekelijkse schoonmaakbeurt van haar studio. Ze heeft erg genoten van haar avondje uit met Mario en ze is vanochtend vroeg opgestaan om me te kunnen verrassen met een Nigeriaans gerecht.

Ik ga naast Mario op de bank zitten. Hij kijkt naar de video-opname van een optreden van de populaire Kongolese zanger Koffi Olomidé.

Pat heeft haar best gedaan. We eten semoule van aardappelen met een pittige aubergineschotel, vleesribbetjes en makreel. Beurtelings trekken we ieder een stukje van de plakkerige aardappelpannenkoek. Vervolgens kneden we de brij tot kleine bolletjes die we dan in de saus dompelen. We eten met onze handen. Ik vind het lekker.

Als iedereen genoeg heeft, brengt Pat ons een kommetje zeepwater en een handdoek.

Mario maakt zich uit de voeten en Pat gaat verder met haar verhaal.

Nederlandse les

Pat Ayoma: 'De voorbije twee jaar heb ik de ene cursus na de andere gevolgd: *Maatschappelijke Integratie*, de verschillende niveaus van *Nederlands voor Anderstaligen* en de *Opleiding Professionele Schoonmaaktechnieken*.

Ik vind het heel belangrijk om de taal van de mensen die hier wonen zo snel en zo goed mogelijk te leren spreken. Dat is een blijk van respect voor de plaatselijke cultuur. Nederlands is geen gemakkelijke taal. Vooral de vele synoniemen maken de taal gecompliceerd. Mijn moedertaal heeft slechts een beperkte woordenschat. Voorwerpen, begrippen en gevoelens hebben gewoon een naam. Slechts één naam! In het Nederlands kan iemand verdrietig, droevig, treurig of ongelukkig zijn. In het Ishan ben je dan gewoon verdrietig.

Om nog meer vooruitgang te kunnen maken, ga ik vaak naar de bibliotheek. Ik ontleen er taalcursussen op video of op audiocassette. Ik oefen elke dag.

Het valt mij op dat de meeste Vlamingen het erg op prijs stellen dat ik vrij vlot Nederlands spreek. Sommigen zijn echt verbaasd dat een Afrikaanse vrouw hun taal begrijpt. De meeste winkelbediendes verbeteren me spontaan als ik iets fout zeg. Ze genieten ook van de vorderingen die ik maak als ze me de volgende keer terugzien.'

Netwerk opgerold

Pat Ayoma: 'In mei 2003 heb ik op aanraden van Interpol het vliegtuig naar Nigeria genomen. De tickets kostten bijna negenhonderd euro. Om dat bedrag te sparen, heb ik maandenlang heel zuinig geleefd. Ik ben ongeveer drie maanden in mijn moederland gebleven.

Als erkend vluchteling kreeg ik zonder problemen de toestemming om op reis te mogen gaan. De medewerkers van Payoke hebben alle papierwerk in mijn plaats gedaan. Op de ambassade van Nigeria moest ik een nieuw paspoort aanvragen, want mijn vorige identiteitspapieren hadden de mensensmokkelaars afgepakt.

Ik was heel bang toen het vliegtuig op de internationale luchthaven van Lagos landde. Meteen na mijn aankomst ben ik naar het hoofdkantoor van de politie gegaan. Daar heb ik een gedetailleerde persoonsbeschrijving gegeven van alle tussenpersonen die mij naar België hadden gelokt. Op mijn aangeven is ongeveer het hele netwerk opgerold. Er zijn vele arrestaties verricht. Alleen de vrouw die me het eerst benaderde is toen kunnen ontkomen. Haar man en haar zoon werden urenlang ondervraagd.

De misdadigers hebben enkele maanden in voorarrest in de gevangenis gezeten. Op dit ogenblik zijn ze op borgtocht vrij. Het is hen verboden op gelijk welke manier contact te zoeken met mijn familie. Bovendien worden zij aansprakelijk gesteld voor het minste wat mijn ouders eventueel overkomt. Binnenkort komt er een proces voor de rechtbank in Lagos, waar ze zonder twijfel allemaal zullen worden veroordeeld.

Het vooronderzoek heeft vier dagen in beslag genomen. De Nigeriaanse politie heeft in deze zaak intensief samengewerkt met Europese politiediensten. Ik heb er goed aan gedaan met mijn verhaal naar buiten te komen. Het was niet gemakkelijk, maar ik was het aan mijn familie verplicht.'

Tante Pat

Pat Ayoma: 'Pas na de officiële verhoren en mijn getuigenis tegen de mensenhandelaars, heb ik contact opgenomen met mijn oudste broer Daniël. Hij schrok toen hij mijn stem hoorde. Daniël is me meteen in Lagos komen opzoeken. Het weerzien was bijzonder emotioneel. We hadden elkaar al twee jaar niet meer gezien. Mijn broer vertelde dat mijn ouders en mijn kindjes niet meer in het ouderlijk huis woonden. De pesterijen van de criminelen werden zo erg dat ze besloten hadden om te verhuizen.

De volgende dag bracht Daniël me naar het huis van mijn familie in een andere wijk van Benin-City. Mama en papa huilden van blijdschap. Het was allemaal bijzonder verwarrend. Zowel voor hen als voor mij. Er kwamen te veel emoties in een keer los.

Sylvester en Esther waren heel erg veranderd. Het viel me op dat ze flink waren gegroeid. Mijn kindjes waren intussen zes jaar. Ze waren blij toen ze me zagen. Ik vond het wel heel pijnlijk dat ze me *tante Pat* noemden in plaats van mama. Esther en Sylvester wisten wel dat ik hun moeder was, maar ze waren intussen gewoon hun oma met mama aan te spreken. Dat moest ik respecteren. Mijn ouders hadden ze tenslotte grotendeels opgevoed.

Pas enkele dagen voor mijn vertrek naar België heb ik mijn ouders de volledige waarheid durven vertellen. Ik vond dat ze eerst terug aan mij moesten wennen. Toen mama vernam dat ik gedwongen werd me te prostitueren, verloor ze het bewustzijn. Mijn oudste zus Deborah heeft minutenlang staan gillen.

Het was verschrikkelijk, maar ik vond het beter hen de hele waarheid te vertellen. Pas dan zouden ze mij helemaal kunnen begrijpen. Ik voelde me heel opgelucht toen ik het allemaal had verteld. Mijn familie verwijt me niets. Integendeel. Mama en papa zijn zelfs bijzonder trots op mij.

Trots omdat ik het lef had een bende misdadigers voor de rechtbank te slepen.
Trots omdat ik het goed maak en de kans krijg om in België aan mijn toekomst te werken.'

Meer Belgisch dan Nigeriaans

Pat Ayoma: 'Dankzij de arbeidsbemiddeling van mijn assistent op het OCMW heb ik een werkcontract van een jaar gekregen. Sedert 1 juli ben ik voltijds aan het werk. Ik doe het werk ontzettend graag. Ook op financieel vlak ga ik er stevig op vooruit. Ik heb net mijn loon van de maand juli ontvangen. Ik verdien 350 euro meer dan het minimum leefloon. Dat is voor mij een spectaculaire verandering. Eindelijk zal ik een beetje kunnen sparen.

Vanaf september ga ik extra avondlessen Nederlands volgen en als ik het enigszins met mijn baan kan combineren, wil ik ook nog de beroepsopleiding voor kapster volgen. De Europese kapperstechnieken zijn totaal verschillend van de Afrikaanse.

Pat wijst enthousiast naar de 'kop met pruik' die me al twee dagen vanaf een sokkel op de kast onbeschaamd lijkt aan te staren.

Op haar oefen ik mijn technieken, lacht ze.

Pat heeft veel bewondering voor de haarsnit van westerlingen. Tot drie keer toe benadrukt ze dat Europese haren veel mooier, gladder en fijner zijn dan het kroeshaar van Afrikanen.

Het valt me nu pas op dat ook Pats haartooi heel Europees van snit is. Ze heeft een mooi verzorgd kapsel met keurig platgestreken naar achteren gekamde haren.

Vind ze dit echt mooi of is dit ook een onderdeel van de inburgering, vraag ik me af.

Pat Ayoma: 'Zodra het mogelijk is, vraag ik de Belgische nationaliteit aan. Eerlijk gezegd voel ik me meer Belgische dan Nigeriaanse. Ik heb hier veel kennissen en vrienden en ik heb hier ook ontzettend veel geleerd. Ik ben dit land heel dankbaar. In vergelijking met Nigeria is België een piepklein landje, maar op die kleine oppervlakte zitten een heleboel verborgen charmes die je zelf moet ontdekken. Ik hou van het steeds wisselende ritme van de vier seizoenen. De herfst en de lente zijn mijn favorieten! En als er 's winters sneeuw valt, haast ik me meteen naar buiten. Niets is er mooier of spectaculairder dan sneeuw. Dat zouden Esther en Sylvester moeten zien!

Ik zou mijn kinderen naar België kunnen laten overkomen, maar ik heb besloten dat niet te doen. Een definitieve breuk met hun grootouders zou voor hen traumatische gevolgen kunnen hebben. Ik heb het recht niet om hen uit hun Nigeriaanse cocon te plukken. In het belang van mijn kinderen komen mijn rechten als moeder op de tweede plaats. Sylvester en Esther zijn gelukkig waar ze nu zijn. Ze gaan naar school, hebben vriendjes en een warme familie die veel om hen geeft. Later wil ik hen eventueel de kans geven bij mij te komen inwonen. Maar dat zullen ze dan ook volledig zelf moeten beslissen. Ik mag hun leven niet ontwrichten.'

Mario

Pat Ayoma: 'De eerste maanden na mijn gedwongen leven in de prostitutie moest ik niets meer van mannen hebben. Even vreesde ik ervoor dat het nooit meer tot een normaal contact met mannen zou komen. Mijn vertrouwen had een flinke deuk gekregen. Gelukkig is ook dat veranderd.

Ik heb nu een lieve vriend. Mario heb ik tijdens een cursus Nederlands leren kennen. Hij ziet mij graag en ik hou van hem. Mario brengt rust en geborgenheid in mijn leven.

Volgende maand is hij één jaar in België. Zijn asielprocedure loopt nog, maar het gaat de goede richting uit. Mario heeft een voorlopig positieve beslissing gekregen. Ik hoop zowel voor hem als voor mij dat hij hier mag blijven.'

Bij het weggaan bedankt ze mij voor het bezoek.
Ik moet jou bedanken, antwoord ik.
Zij: Ik ben een gelukkige vrouw geworden. Het leven is mooi!
Ik knik werktuiglijk.
Zij: Het leven is mooi. Zeg ik dat goed?
Ik: Ja hoor. Je spreekt keurig Nederlands.
Zij: Keurig?
Ik: Keurig is ongeveer hetzelfde als goed of netjes of mooi.
Zij: Dat bedoelde ik toen ik zei dat Nederlands moeilijk is.

Suzanne

20 juli 1963

Vandaag ben ik voor de negende keer grootmoeder geworden.
Het is een jongen.
Mijn zoon Jozef en zijn vrouw Ria hebben hem Bart genoemd.
Bart Demyttenaere.
Later zal ik hem mijn verhaal vertellen.
Over toen ik een vluchteling was.

Fernande

20 juli 1963

Vandaag ben ik voor de vierde keer grootmoeder geworden.
Het is een jongen.
Mijn dochter Ria en haar man Jozef hebben hem Bart genoemd.
Bart Demyttenaere.
Later zal ik hem mijn verhaal vertellen.
Over toen ik een vluchteling was.

PLAATSEN ZONDER PAPIEREN

Dieter Telemans

Betonnen schuilkelder onder een snelweg vlakbij de haven van Zeebrugge. Verblijfplaats voor vluchtelingen die 's nachts het Kanaal proberen over te steken.

Trappenhal van de 'ambassade universelle', de voormalige Somalische ambassade in Brussel, gekraakt door een groep mensen zonder papieren.

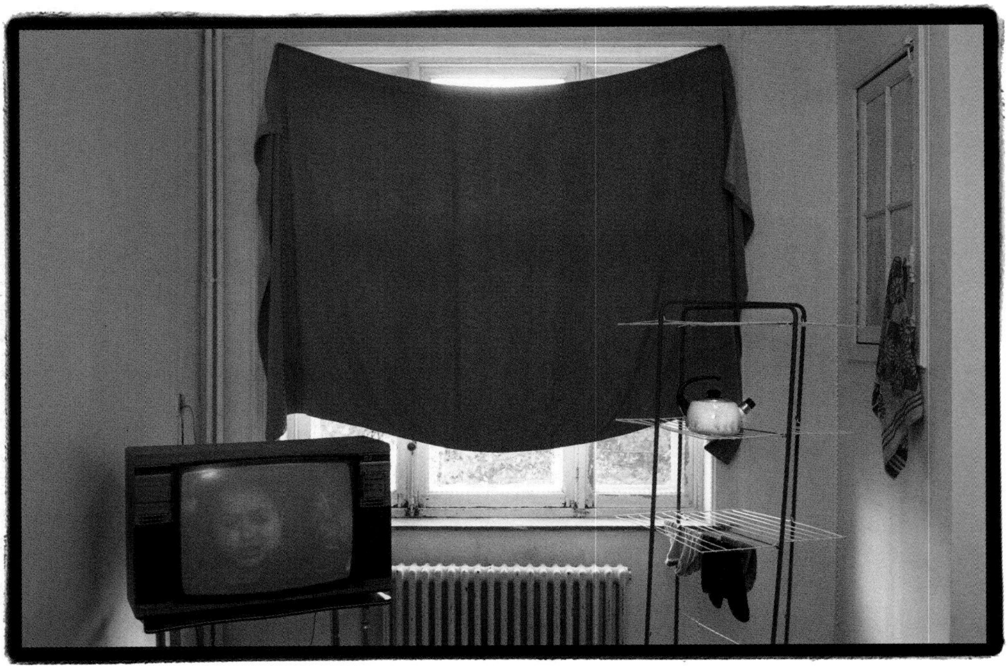

Een van de kamers die bewoond worden in de 'ambassade universelle', Brussel.

Verlaten garagebox, Antwerpen. Een losgescheurde autozetel wordt gebruikt als slaapmat.

Kamer te huur tegen zeer hoge prijs voor buitenlanders zonder identiteitskaart, Brussel.

Verlaten spoorwegloods gebruikt als slaapplaats door vluchtelingen en drugsverslaafden, Antwerpen.

Appartement van 70 m^2, Brussel. Hier woont een koppel met vier kinderen.

Een krot, onbewoonbaar verklaard, gebruikt als onderdak door enkele vluchtelingen. Ze kruipen door een raam naar binnen, de deur is dichtgetimmerd.

Schuilplaats voor vluchtelingen, Zeebrugge. Arbeiders van een nabijgelegen fabriek hebben het dak afgebroken.

PORTRETTEN

Dieter Telemans

'Ik heb al zoveel keren moeten verhuizen. Ik droom van zekerheid. Ik wil wonen op een plaats waar ik kan blijven.'

Klaudia Raczova (en moeder), 19 jaar, uit Slovakije, finaliste Futur Top Model 2004, houdt van dansen (salsa).
Uitgeprocedeerd

'Ik ben laatstejaarsstudente in het Ensorinstituut in Oostende. Mijn passie is mode. Ik ben laureaat van de ontwerpwedstrijd Damart. Volgend jaar ga ik naar de ModeAcademie in Antwerpen.'

Camilla Bisultanova, 20 jaar, uit Grozny (Tsjetsjenië)
Asielaanvraag in behandeling

'Ben je al die jaren nooit buiten geweest?' – 'Nooit.' – 'Nooit in open lucht?' – 'Alleen op het dak. Soms klom ik op het dak en kon ik naar de buitenwereld kijken.'

Kisor, 17 jaar, Bhutan, leefde 13 jaar als huisslaaf in India.
Asielaanvraag in behandeling

'Dit glas is nuttiger dan ik. Ik maak geen deel uit van deze maatschappij, ik voel mij buitengesloten. Ik verlies de hoop. Ik ben bang dat ze me oppakken, opsluiten en repatriëren.'

Anoniem
Uitgeprocedeerd

'Ik wil onafhankelijk zijn. Mijn universitaire studie wil ik voortzetten. De hoge kosten van het inschrijvingsgeld, de studieboeken en het examengeld, maken het studeren heel moeilijk.'

Anoniem
Asielaanvraag in behandeling

'Mijn toekomst? C'est quoi? Ik denk er niet aan. Het heeft geen zin. Toekomstplannen maken is een illusie. Pas als ik de goede papieren heb, kan ik mijn toekomst plannen. Natuurlijk wil ik terugkeren naar mijn land. Maar er is nog geen vrede. Ik ben geen Hutu, geen Tutsi. Ik ben Rwandees.'

Jozef Usabyimana
Uitgeprocedeerd

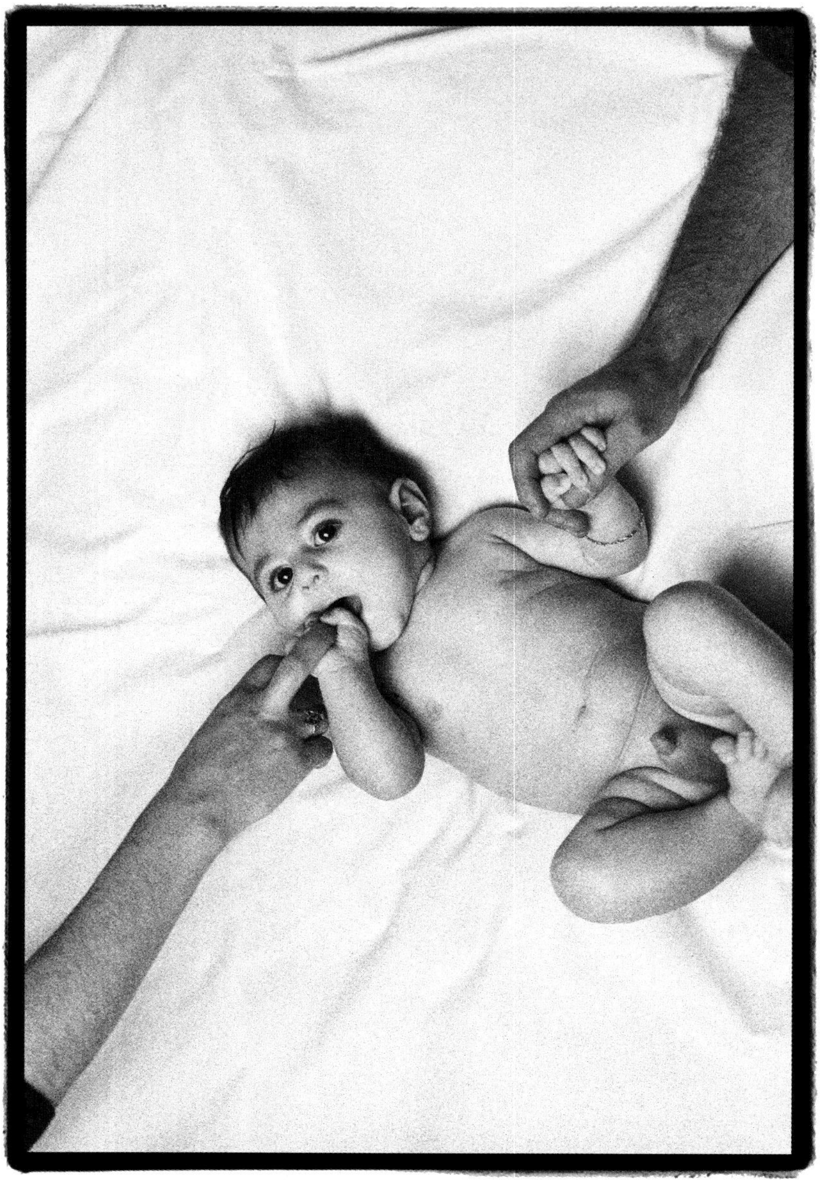

'Mijn papa had politieke problemen in ons land. Mijn papa en mama hopen dat ik de Belgische nationaliteit krijg. Zij hopen ook dat ik de cultuur en de taal van Armenië leer.'

Eric, 3 maanden, geboren in België, zoon van Armeense ouders
Asielaanvraag in behandeling

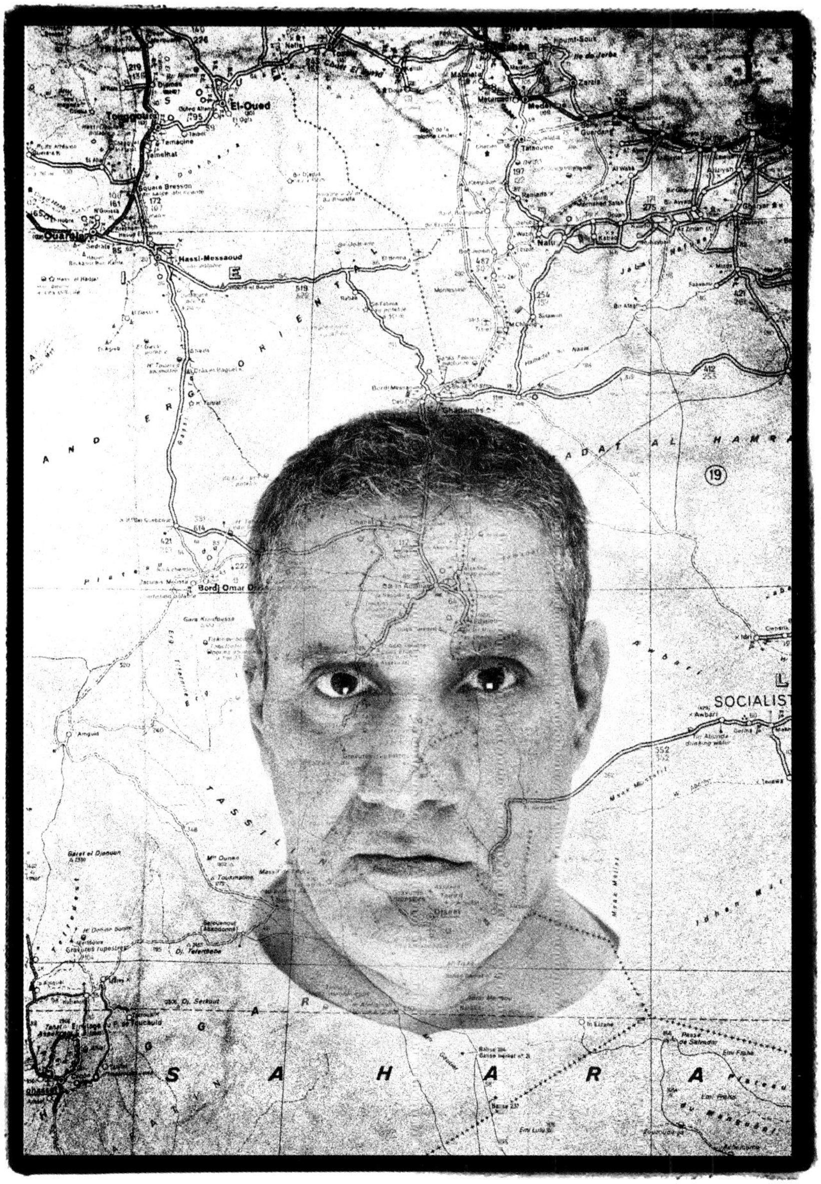

'Ik stak vele grenzen over om hier te komen. Ik hoop ooit de nodige documenten te verkrijgen. Ik moet volhouden. Als ik opgeef heb ik niets.'

Mohammed Belhadj uit Algerije
Uitgeprocedeerd

'Ik kwam op voor onze rechten en werd door de Chinese overheid in de gevangenis gegooid en gemarteld. Ik ontsnapte te voet over de Himalaya.'

Lobsang Dhundup, 47 jaar, boeddhistische monnik uit Tibet
Asielaanvraag in behandeling

'Ik kom uit Sri Lanka. Volgens jullie toeristische gidsen een paradijselijk land. Als politiek gevangene werd ik gemarteld. Sindsdien ben ik blind.'

Anoniem, leest op de foto 'vrede'.
Asielaanvraag in behandeling

MET OPEN VIZIER

Bart Demyttenaere

OCMW ANTWERPEN EN DE ASIELPROBLEMATIEK

Jan P. A. is als maatschappelijk werker aan het sociaal centrum *Plein* in Berchem verbonden. In het kader van mijn schrijfopdracht over de situatie van vluchtelingen in België bracht Jan mij in contact met Pat Ayoma, een Nigeriaans meisje dat drie jaar geleden als slachtoffer van mensensmokkelaars in het Antwerpse prostitutiemilieu was verzeild geraakt. Pat verblijft legaal in ons land en is er met de hulp van *Payoke* en het *OCMW van Antwerpen* in geslaagd haar levenslot een positieve wending te geven. Dankzij de bemiddeling van het OCMW met de VDAB heeft ze werk gevonden. Pat spreekt steeds beter Nederlands en heeft zich perfect in onze samenleving geïntegreerd.

Volgens het federale ministerie van Binnenlandse Zaken zijn er steeds minder illegalen die officieel asiel in ons land aanvragen. Dat betekent niet dat er automatisch minder *mensen zonder papieren* op ons grondgebied verblijven. Vele vluchtelingen overleven zonder inkomen en zonder enig toekomstperspectief in vaak uitzichtloze omstandigheden in de grimmige marge van onze samenleving. Velen van hen zijn noodgedwongen aangewezen op de diensten van onze sociale instellingen, op steun die het OCMW in vele gevallen zelfs niet mag of kan verlenen...

Een openhartig gesprek met Jan, die af en toe door de bomen het bos niet meer ziet, maar die dankzij zijn positieve contacten met mensen als Pat Ayoma niet cynisch is geworden.

Halve en hele mensen

Jan P. A.: "De dienstverlening van het sociaal centrum Plein is specifiek gericht op de vluchtelingenproblematiek. Wij onderhouden zowel contacten met illegalen als met mensen die hier tijdelijk mogen verblijven. Illegale vluchtelingen hebben volgens onze wetgeving enkel recht op dringende medische hulp. Het is aan de arts om uit te maken of een probleem dringend én medisch noodzakelijk is. Op dat vlak is onze inmenging dus strikt beperkt. Voor tijdelijk geregulariseerde vluchtelingen mogen we meer doen. We helpen hen onder andere met het in orde brengen van de mutualiteit, we begeleiden hen tijdens hun zoektocht naar werk en we brengen hen in contact met organisaties die inburgeringscursussen en lessen Nederlands voor anderstaligen inrichten.

In ons centrum werken we met negen mensen. Zes maatschappelijk assistenten zijn elk verantwoordelijk voor een bepaalde wijk in Antwerpen. Enkele dagen per week doe ik huisbezoeken in het district Borgerhout. De rest van mijn werkweek bestaat uit afspraken in het centrum zelf. Verder zijn er nog drie mensen die zich specifiek bezighouden met intake-gesprekken met nieuwe steunaanvragers. Elke financiële steunaanvraag wordt als een volledig dossier beschouwd, terwijl de behandeling van de medische waarborgen voor illegalen slechts als een half dossier telt. Volgens deze louter cijfermatige benadering komt elke maatschappelijk assistent aan ongeveer 135 dossiers. Maar aangezien illegalen in werkelijkheid geen 'halve mensen' zijn en vaak ook bijzonder grote problemen hebben, kan je stellen dat ieder van ons in de praktijk verantwoordelijk is voor ongeveer tweehonderd mensen.

Tijdens een afspraak van een kwartier is het dus vrijwel onmogelijk de mensen diepgaand te begeleiden. Het komt er vooral op neer een zo duidelijk mogelijk antwoord op de concrete vragen van onze cliënten te formuleren. Als een meer intensieve begeleiding noodzakelijk is, verwijzen wij door naar de VDAB, het Huis van Nederlands of andere instanties."

To be or not to be

Jan P. A.: "Uiteraard hebben wij alleen maar zicht op de mensen die zich in ons centrum aanmelden. Wij hebben geen contact met de vele anderen die illegaal in Antwerpen verblijven en hun leven proberen uit te bouwen zonder tussenkomst van het OCMW. Het is dus onmogelijk om een exact totaalcijfer op het aantal mensen zonder papieren te plakken. Vanuit mijn beroepservaring weet ik wel dat er veel meer illegalen geen beroep doen op onze dienst dan de 1200 die we momenteel begeleiden. In vergelijking met vier jaar geleden is het aantal asielaanvragen met vijftig procent gedaald, maar dit betekent niet dat er minder mensen illegaal in ons land verblijven. Volgens de Belgische wetgeving bestaan illegalen niet eens. Wie niet bestaat, komt uiteraard niet in de statistieken voor. Op dat vlak is de overheid niet duidelijk. Ik ben ervan overtuigd dat de 'onbestaanden' in werkelijkheid in grote getale aanwezig zijn."

Slachtoffer of crimineel?

Jan P. A.: "Het beheersen van onze taal is een van de grootste problemen van vluchtelingen. Voor de regio Antwerpen is het belangrijk zo snel mogelijk de Nederlandse taal machtig te zijn. Franstalige vluchtelingen zijn eigenlijk beter af in Brussel. Daarnaast kunnen vluchtelingen steeds minder op het begrip van de plaatselijke bevolking rekenen. Mensen staan dikwijls argwanend tegenover vluchtelingen. Hiervoor is de eerder negatieve beeldvorming door onze media gedeeltelijk verantwoordelijk. Het gangbare beeld van de vluchteling als slachtoffer of als crimineel klopt niet met de werkelijkheid. Vluchtelingen zijn in de eerste plaats mensen die om een of andere reden hun land zijn ontvlucht om elders een beter leven te kunnen leiden. Ze zijn niet meer of minder crimineel dan de doorsnee Vlaming. Als ik elke situatie louter individueel bekijk, vind ik dat iedereen het recht heeft om te streven naar betere levensomstandigheden en elders zijn geluk te beproeven.

Maar dan moeten er ook mogelijkheden zijn om dit te kunnen realiseren en die mogelijkheden moeten van twee kanten komen. Niet alleen de overheid van het gastland moet inspanningen doen, ook de betrokken persoon moet bereid zijn zich te assimileren in zijn nieuwe omgeving."

Persoonlijke begeleiding

Jan P. A. : "De houding van het OCMW van Antwerpen vind ik heel ruim. Wij houden zoveel mogelijk rekening met de persoonlijke situatie van onze cliënten. Ook maken wij er een punt van om steeds eerlijk uit te leggen waarom aan een bepaald verzoek niet kan worden voldaan. Men mag ook niet vergeten dat mensen die illegaal in ons land verblijven zekere verplichtingen hebben ten aanzien van de hulpverlening. Het is niet meer dan logisch dat de inspanningen van twee kanten moeten komen. Wij verwachten dus daadwerkelijke bewijzen van integratie. Soms moeten we iemand die duidelijk niet van goede wil is een tijdelijke sanctie opleggen als signaal dat er dringend werk moet worden gemaakt van een positieve ingesteldheid. Maar zo'n maatregel is meestal niet definitief. In vergelijking met sommige kleinere OCMW's die nauwelijks aan begeleiding doen, vind ik dat we in Antwerpen op dat vlak goed bezig zijn. Met de cliënten die van ons financiële steun krijgen, hebben we eens per maand een persoonlijk onderhoud. Wie niet op de afspraak komt opdagen, verliest zijn uitkering. Dat is meer dan billijk. Vele OCMW's van kleinere gemeenten storten de vergoeding voor de mensen die hen zijn toegewezen zonder enige vorm van controle door. In sommige gevallen wonen de rechthebbenden niet eens meer in de betreffende gemeente, maar hebben ze al langer de anonimiteit van een grotere stad opgezocht. Het is logisch dat mensen die zonder enige inspanning financiële steun verkrijgen niet meteen staan te dringen om zich zo goed mogelijk te integreren. Wij hebben in ieder geval de ervaring dat een maandelijkse opvolging veel betere resultaten oplevert dan een jaarlijks controlebezoek."

Gastvrijheid

Jan P. A. : "Het regelmatige contact met onze cliënten bevordert uiteraard de persoonlijke betrokkenheid met de hulpverlener in kwestie. Tijdens de huisbezoeken word ik telkens opnieuw geraakt door de grote gastvrijheid van onze cliënten. Zelfs mensen die ik voor de eerste keer aan huis ga opzoeken, zetten hun deur doorgaans meteen wijd open en bieden me iets te drinken aan. Wat dat betreft kunnen de meeste Belgen veel van vreemdelingen leren. Enkele maanden geleden bracht ik een bezoek aan een Afghaans vluchtelingengezin. Terwijl ik met de man onze standaardvragen doornam, zette zijn vrouw me een volledig ontbijt voor! Een echt uitgebreid Belgisch ontbijt nog wel met brood, koffie en spiegeleieren op de koop toe. Dat getuigt toch van goede wil. Eerst weigerde ik beleefd, maar omdat de mensen bleven aandringen heb ik de maaltijd aanvaard. Ik heb hen wel meteen duidelijk gemaakt dat ik hun gastvrijheid erg waardeerde, maar dat hun geste geen enkele invloed zou hebben op hun vraag tot hulpverlening. Tijdens een huisbezoek moet ik me in de eerste plaats een zo neutraal mogelijk beeld kunnen vormen van de situatie.

Beroepshalve kom ik veel in contact met mensen die illegaal in ons land verblijven, geen wettelijke inkomsten hebben en dringende waarborgen voor ziekenhuiskosten, een doktersbezoek of medicatie nodig hebben. Meestal wonen die mensen in armoedige omstandigheden in woningen of kamers waarin geen enkele vorm van luxe aanwezig is. Ondanks de moeilijke situatie valt het me vaak op dat de bewoners het weinige dat ze hebben met anderen delen, en proberen hun schamele woning netjes te houden. Ik kan je verzekeren dat daar veel moed voor nodig is."

Afwasser

Jan P. A. : "Ik heb de indruk dat de meerderheid van de vluchtelingen van goede wil is en zich daadwerkelijk zo goed mogelijk wil integreren in onze samenleving. Natuurlijk zijn er ook die zich geen enkele moeite getroosten, maar men mag niet iedereen over dezelfde kam scheren. Ik ken voorbeelden genoeg van vluchtelingen die amper een jaar in België verblijven en in korte tijd behoorlijk goed Nederlands hebben leren spreken. Ik betwijfel of ik in zo'n korte tijdsspanne even behoorlijk Albanees of een Nigeriaans dialect zou kunnen leren. Vele vluchtelingen zijn heel krachtige mensen, die in vele gevallen verscheidene talen spreken. Het is jammer dat de doorsnee Belg zich veeleer focust op een aantal uiterlijk waarneembare aspecten en daarop zijn beeld over 'de vluchteling' baseert. Wij zien meestal alleen een andere huidskleur dan de onze en nemen niet de tijd om de mens achter het donkere vel beter te leren kennen. Ik raad iedereen aan om vluchtelingen met een open vizier te benaderen. Die mensen zijn niet bedreigend. Het tegendeel is waar. Tijdens mijn ronde door Borgerhout ga ik niet bij een Afghaan, een Nigeriaan, een Liberiaan of een Albanees op bezoek. De nationaliteit van mijn cliënten is volstrekt onbelangrijk. Ik ben enkel geïnteresseerd in de persoon die voor me zit en in eventuele mogelijkheden om zijn probleemsituatie enigszins te kunnen verzachten.

Er zijn veel misverstanden die zo diep in onze samenleving verankerd zijn. Een flink deel van de bevolking denkt bijvoorbeeld dat vluchtelingen ons werk zullen afpakken. Daar klopt niets van! Alleen de mensen die hier legaal verblijven, mogen hier werken, en vaak vinden ze alleen maar werk in een sector waar de meeste Belgen hun neus voor ophalen. Ik ken niet veel Belgen die van 's morgens tot 's avonds werken als afwasser in een restaurant. Er zijn genoeg banen waarvoor men geen autochtone mensen kan vinden! De vacatures staan immers open voor iedereen die wil werken. Een Belg kan net zo goed solliciteren voor een baan als afwasser als een erkende asielzoeker. Het feit dat een restauranthouder voor dat werk vaak een Bulgaar of een Pool engageert, is een duidelijk bewijs dat de werkgever die mensen als de meest geschikte kandidaten beschouwt. Het feit dat er nauwelijks Belgen reageren op een werkaanbieding voor afwasser zegt meer over de mentaliteit van de Belgen dan van de vreemdelingen.

Helaas krijgen criminele feiten waarin een vreemdeling is betrokken in de media veel meer aandacht dan positieve berichten die zogenaamd veel minder nieuwswaarde hebben. De eenzijdige berichtgeving in de media is zeker gedeeltelijk verantwoordelijk voor het algemene negatieve beeld dat een flink deel van de bevolking over vreemdelingen en vluchtelingen heeft."

Meer koren dan kaf

Jan P. A.: Er bestaat geen eenduidige oplossing voor het ingewikkelde vluchtelingenvraagstuk. Men moet een onderscheid maken tussen mensen die uit persoonlijke veiligheidsoverwegingen hun land verlaten en zuiver economische vluchtelingen. Het is een kwestie van realiteitszin. Ik begrijp het persoonlijke streven naar een beter leven, maar België blijft een heel klein landje. Wij kunnen niet alle mensen die een beter leven nastreven een mooiere toekomst garanderen. Mensen die zich hier daadwerkelijk willen integreren, moeten daartoe de kans krijgen, maar het is belangrijk van in het begin het kaf van het koren te scheiden. Ik wil wel benadrukken dat er meer koren dan kaf is! De overheid moet de grote instroom van asielzoekers beter trachten te beheersen. In het belang van de mensen moet de procedure veel sneller gebeuren. Het is inhumaan om die vaak al zwaar beproefde mensen soms jaren aan een stuk aan het lijntje te houden. De tijdspanne tussen de asielaanvraag en de definitieve eindbeslissing moet veel korter. Men mag de mensen geen valse hoop geven. Op lange termijn weegt de voortdurende onzekerheid immers veel zwaarder dan de duidelijkheid."

Vanzelfsprekend

Jan P. A.: "Het beeld van de vluchteling als 'profiteur' is heel erg overdreven. Een alleenstaande asielzoeker met een tijdelijke verblijfsvergunning heeft recht op een maandelijkse OCMW-uitkering van 595 euro. Als je daarvan huishuur en vaste kosten aftrekt, blijft er heus niet veel meer over om van te leven. Dit geld krijgt hij ook niet zomaar in de schoot geworpen. De persoon in kwestie moet bewijzen dat hij Nederlands wil leren en daadwerkelijk op zoek is naar een baan. Iemand die op zijn lauweren blijft rusten, riskeert immers een schorsing van enkele maanden! Toch bestaat bij een groot deel van de Belgische bevolking de verkeerde indruk dat erkende vluchtelingen zonder noemenswaardige inspanningen mogen genieten van de sociale voordelen van ons systeem. In mijn dagelijkse omgang met vreemdelingen én Belgen merk ik dat de bereidwilligheid bij vreemdelingen soms groter is. Vele Belgen redeneren dat ze recht hebben op een aantal voorzieningen, omdat ze Belg zijn. Zij vinden dat vanzelfsprekend."

Grenzen

Jan P. A.: "Afstand is een van de basisvereisten om mijn werk naar behoren te kunnen uitvoeren. Buiten het werk heb ik geen contact met asielzoekers of mensen die hier illegaal verblijven. Dat zou mijn klare kijk op de problematiek kunnen vertroebelen. Een te grote persoonlijke betrokkenheid is een obstakel voor mijn werk. In het belang van mijn cliënten en mezelf tracht ik mijn werk en mijn privé-leven volledig gescheiden te houden. Dat is niet altijd even gemakkelijk, want ik voel zeker een grote vorm van affiniteit met sommige mensen. Regelmatig nodigt een cliënt me uit om na de werkuren samen een pint te gaan drinken, maar ik houd bewust de boot af. Ik mag en kan geen uitzonderingen maken. Een voorkeursbehandeling zou zich als een lopend vuurtje verspreiden. Mijn neutraliteit mag nooit in het gedrang komen, ook al voel ik me erg verbonden met mijn werk. Het grensgebied tussen de rigide letter van de wet en de penibele persoonlijke situatie van een cliënt werkt bij momenten frustrerend. Anderzijds trek ik me op aan bepaalde succeservaringen. Die zijn eerder zeldzaam, maar ze zijn er wel. Ik probeer mijn functie zo positief mogelijk in te vullen."

Spreiding

Jan P. A.: "Binnen het OCMW van Antwerpen is de vluchtelingenproblematiek een belangrijk deel van de totale opdracht. In kleinere, landelijke gemeenten is de dienstverlening voor vluchtelingen veeleer van ondergeschikt belang. Ik heb het ook moeilijk met de houding van kleinere OCMW-centra. In de meeste gevallen is een asielzoeker die aan een bepaalde gemeente wordt toegewezen niet eens verplicht zich in die gemeente te vestigen. Het is logisch dat de meeste asielzoekers hun heil zoeken in de grotere steden. In de kleinere gemeenten worden ze vaak niet ernstig opgevolgd. Daarnaast valt in een grote stad meer te beleven en is het eenvoudiger om er onderdak te vinden. Het is een groot probleem dat vele OCMW-centra in landelijke gemeenten de financiële steun zonder enige vorm van controle aan hun cliënten overmaken. Dit is geen hulpverlening meer! Op die manier worden de problemen doorgesluisd naar de al overbelaste OCMW's van de grote steden. Ik pleit voor een effectieve geografische spreiding van het aantal asielzoekers. Dat zou ook de negatieve beeldvorming van de plaatselijke bevolking ten goede komen. Door de grote concentratie van asielzoekers in stedelijke gebieden, voelen sommige mensen zich bedreigd in hun eigen woonomgeving. Ik ken bijvoorbeeld Antwerpenaren die erover klagen dat ze op straat nog amper een 'echte Belg' tegenkomen. Een betere geografische spreiding zou niet alleen de toenemende druk op de steden verlichten, maar ook een grote verrijking betekenen voor de kleinere gemeenten. Op die manier zouden de plaatselijke OCMW's ook effectief aan persoonlijke begeleiding moeten doen, want de hulpverlening mag zich niet beperken tot een louter financiële hulpverlening. Geld geven zonder enige vorm van begeleiding is absoluut verkeerd. Niemand wordt daar beter van, ook de persoon in kwestie niet! Maar ik wil niet negatief eindigen. Ik doe mijn werk nog steeds heel graag. Elke dag ervaar ik het voorrecht om met andere culturen in contact te komen. Mijn werk is nooit routineus omdat ik met mensen werk en niet met dossiers. Dat is het grootste pluspunt in mijn beroep."

DANKWOORD

Velen verdienen onze dank, slechts enkelen kunnen we hier noemen:

- *Alle vluchtelingen die hun medewerking hebben verleend aan dit project, en in het bijzonder Mohsen Sekander Ali, Pat Ayoma, Solomana Sesay, Irinel Gurau, Mehreme, Adam, Enis, Aida en Anesa Ibrahimi*
- *de bewoners en het personeel van de open opvangcentra van Fedasil in Kapellen, Jodoigne en Sint-Pieters-Woluwe en van het Lokaal Opvanginitiatief in Wachtebeke*
- *de bewoners en het personeel van het centrum voor illegalen in Merksplas en van Transitcentrum 127 in Melsbroek*
- *de bewoners en het personeel van de opvangcentra voor alleenstaande minderjarige asielzoekers De Lier in Ieper en De Bilck in Wervik*
- *mevrouw Ann Publie, woordvoerster van de Dienst Vreemdelingenzaken*
- *het personeel van het Commissariaat-Generaal voor de Vluchtelingen en de Staatlozen*
- *het personeel van de AGAI (scheepvaartpolitie Zeebrugge)*
- *Nadia Borremans (Belgisch Comité voor Hulp aan Vluchtelingen)*
- *Koen De Borger, communicatiemedewerker bij Fedasil*
- *Mieke Bleyen, educatief medewerkster FotoMuseum Provincie Antwerpen*
- *Derwich M. Ferho, Tine Demyttenaere, Baldwin Van Gorp, Jos Schroyen, Marie-Louise Demyttenaere*
- *Peter Moonen, Ronny Mues en medewerkers van OCMW Antwerpen*
- *Tony Waddingham.*

Namens Bart Demyttenaere, Nick Hannes, Dieter Telemans en de stuurgroep van het project 'Verkeerde tijd, verkeerde plaats' (Mieke Candaele, Piet Chielens, Inge Henneman, Patricia Peeters, Bart Vangrysperre)

CV'S

Bart Demyttenaere (Kalemié, °1963) vertrok na zijn studie voor onderwijzer aan de normaalschool van Bokrijk weer naar zijn geboorteland Congo, waar hij vier jaar woonde en werkte. Tot juni 2000 gaf hij les in de zesde klas van de Vrije Basisschool van Termolen-Zonhoven. In 1995 publiceerde Bart Demyttenaere zijn eerste kinderboek, *Frederiks geheim*, dat bekroond werd door de Limburgse Kinder- en Jeugdjury 1997. Ondertussen verschenen reeds twintig boeken boeken (waarvan diverse titels vertaald werden in het Frans, Japans, Duits, Spaans en Catalaans), een dichtbundel en toneelwerk voor kinderen van zijn hand. In 2000 verscheen zijn veelgeprezen boek *De last van het leven. Zelfmoord in België en Nederland*, een genuanceerd en informatief boek over zelfmoord. Het boek werd ondertussen reeds diverse malen herdrukt. Voor zijn boek *Levenslang, een blik achter de tralies van de Belgische gevangenissen*, ontving Bart Demyttenaere een werkbeurs van het Fonds Pascal Decroos voor bijzondere journalistiek en de Koning Boudewijnstichting. Recent verscheen zijn boek *In vrije val, armoede in België*. (www.spiegelschrift.be)

Nick Hannes (Antwerpen, °1974) studeerde fotografie aan de Academie voor Schone Kunsten in Gent. Als freelance fotograaf maakte hij sociaal-politieke reportages in de Balkan en in het Midden-Oosten, die gepubliceerd werden in De Standaard Magazine, de Tijd, de Volkskrant, Le Soir-Victor, Ché en in het boek *In de schaduw van Saddam* (uitgeverij Bulaaq/ Van Halewijck, 2003). In 1997 begon hij aan de documentaire *Verboden Volk* over de Koerden in Turkije, Syrië, Iran en Irak, die in 2005 wordt gepubliceerd door het Koerdisch Instituut en uitgeverij EPO. Hij werkt samen met Reporters Press Agency.
(www.nickhannes.be)

Dieter Telemans (Bujumbura, °1971) werd in Burundi geboren als kind van Belgische ouders die er als onderwijzers werkten. Hij studeerde fotografie aan het Brusselse Narafi en werkte daarna zeven jaar als fotograaf bij De Morgen. Vanaf 2002 werkt hij voltijds als freelance persfotograaf. Hij heeft opmerkelijke sociaal-documentaire reportages op zijn actief, gemaakt tijdens zijn vele reizen over heel de wereld. Hij werkt samen met agentschappen als Panos Pictures in Londen, het Italiaanse Grazia Neri, het Franse *Cosmos* en *Hollandse Hoogte*. In 2003 verscheen het monografische boek *Heart of Dance*, dat zijn fotoreportages bundelt over de muzikale roots en het kloppend hart van Afrika, uitgegeven door Ludion. Hij sleepte al meerdere prijzen in de wacht en won in 2004 de speciale prijs voor een bijzonder bijdrage in de internationale fotowedstrijd *River of Life* van de World Health Organization (WHO). (www.dietertelemans.com)

8W 6-7 / € 3,00